社会科学系 小論文

頻出テーマ 16

東進ハイスクール・東進衛星予備校小論文科講師　ena歯学・薬学・看護小論文科講師

石関 直子

JN021626

＊この本は、小社より2017年に刊行された『書き方のコツがよくわかる
　社会科学系小論文　頻出テーマ16』を、近年の出題傾向と時事内容にも
　とづいて全面的にリニューアルした参考書です。

＊この本には「赤色チェックシート」がついています。

はじめに

　この本を、小論文を得点源として第1志望校に合格したいすべての受験生に贈ります。

　私は、この本を執筆する際に、以下のような受験生を対象読者として想定しました。

●いったい、何を書けばよいかわからない受験生
●結局、どう書けばよいかわからない受験生

　この本では、このような受験生の根深い悩みを解決するため、可能な限り、具体的に、かつかみ砕いて説明したつもりです。

　この本で取り上げた「テーマ」は16です。なかでも社会科学系では「正確な」知識と「新鮮な」情報が小論文の質を左右します。したがって、定番テーマ（いわゆる「ベタな」テーマ）と、最新テーマ（いわゆる「旬な」テーマ）をバランスよく盛り込みました。「新型コロナウイルス感染症」と「ロシアのウクライナ侵攻」に関しては、今後も状況の変化が想定されるものの、「現時点では、最低限これくらいおさえておけばだいじょうぶ」という内容を盛り込みました。

　この本に収録されている16個の「テーマ」は、どこから読み始めても問題ありません。ただ、いずれも社会科学系小論文においてよくねらわれる「テーマ」ばかりなので、最終的にはすべての「テーマ」に取り組むつもりで計画を立ててください。

　各「テーマ」の冒頭に載っている「これがテーマの神髄だ！」では、おさえておきたいキーワードや考え方を紹介しました。キーワードのうち、最重要用語は赤字、重要用語は太字で示しています。まず

は、これらを「道具」のように使いこなせるよう、しっかり覚えてください。

　続く「テーマ解説」では、「実際の出題例を見てみよう！」に取り上げられている問題を解くために理解が必要なそれぞれの「テーマ」を、これ以上は無理だというレベルまで、ていねいに、そしてわかりやすく説明しました。

「テーマ解説」をしっかり読んで理解したら、再録された「出題例」に取り組むため、「構想メモを書いてみよう！」を参考にして、あなた自身で「構想メモ」を書いてみてください。小論文は、いきなり書き始めてはなりません。出題の趣旨に沿って「構想メモ」が書けるかどうかで、小論文の出来はほぼ半分決まってしまいます。

　そして、いよいよ答案作成。「何を書けばよいかわからない」というあなたは、「合格点がもらえる答案例」をそのまま暗記してしまうのも、小論文対策として有効な1つの方法だと思います。

　各「テーマ」に掲載した答案例に2つずつある「神髄」は、受験期のみならず、大学生・社会人になってからも文章を書く際にいつもおさえておくべきポイントを含みます。

　この本に出てくる「青葉」さんは、あなたと同じ受験生。受験生が小論文を書く際に質問したくなるようなことを、あなたに代わって私に問いかけています。あなたも、「青葉」さんになったつもりで読み進めてみてください！

「学校推薦型選抜」「総合型選抜」「一般選抜」のいずれも、社会科学系小論文の対策は、この本で完璧！　この本が、あなたの受験生活にパワーを与え、試験本番で寄り添う「お守り」となりますように。

　最後に、今回の執筆に際してご指導・ご鞭撻を賜ったKADOKAWAの原賢太郎さんほか、荒木久恵さん、沢音千尋さんに、心より御礼申し上げます。

石関　直子

CONTENTS もくじ

本文イラスト：沢音　千尋

＊この本は、原則的に2023年5月時点の情報にもとづいて執筆されています。
＊「新型コロナウイルス感染症」「ロシアのウクライナ侵攻」に関する最新情報は、読者ご自身で把握するよう努めてください。
＊この本の記載内容につきましては、同著者の『改訂版　書き方のコツがよくわかる　人文・教育系小論文　頻出テーマ20』と、一部重複しておりますことを、予めご了承ください。

この本の特長と使い方

★社会科学系小論文対策のエントリーブック

　この本は、社会科学系の学部・学科・系統志望者を対象とした、小論文対策「最初の一歩」用の1冊です。学校推薦型選抜・総合型選抜対策だけでなく、一般選抜対策にもオールマイティに対応します。おもに、以下のような学習者を想定しています。

　「新聞を読まない。ニュースにも関心がない」
　「小論文の問題を見ても、何も思いつかない」
　「文章の書き方がわからない」
　「でも、志望校には合格したい！」

★テーマと用語がわかり、書き方もマスターできる

　問題に歯が立たないという受験生の多くは、社会科学系に特有のテーマと書くうえでキーワードとなる用語が、小論文の「背景知識」としてどれほど大切であるかを認識できていません。

　受験生のそのような現状に合わせ、この本は、社会科学系の小論文で問われる重要テーマと用語の理解に重点を置きました。小論文指導の第一人者・石関先生による解説は、わかりやすくてなめらか。気になっていた社会情勢やまったく知らなかった事柄などが、スルスル頭に入ってきます。

　また、テーマと用語だけでなく、文章の書き方も基本から習得できます。

★選び抜かれた珠玉のテーマを収録

　定番テーマと最新テーマ16個を「章」別に厳選し、5段階の「頻出ランク」を星の数で表示しています。

　とくに、2020年に感染が急拡大し、大学での出題も相次いでいる「新型コロナウイルス感染症」の話題を「第5章」で2テーマ分バッチリ取り上げている点が、この本最大の特長です。

★考え抜かれたシステマティックな構成

1つのテーマには、以下の要素が含まれます。

- これがテーマの神髄だ！：テーマの要点を、箇条書きスタイルで簡潔にまとめています。最重要用語は赤字で、重要用語は太字でそれぞれ表しています。

- 実際の出題例を見てみよう！：400字前後（一部500字程度）の分量で答案を書かせる出題例を扱います。出題例はすべて大学の過去問（改題）です。

- テーマ解説：「青葉」さんの素朴な疑問に歯切れよく答えていく解説を読む過程で、自然に用語が覚えられ、テーマの理解も深まります。

- 「出題例」の解答・解説：答案に盛り込むべきアイディア、および答案の流れを、「構想メモを書いてみよう！」としてまとめています。「構想メモ」は、段落ごとに整理されています。

- 合格点まであと一歩の答案例／合格点がもらえる答案例：一読するとよさそうに思えるけれど説得力に欠ける答案例と、限られた試験時間内で実力を出しきっている答案例を1つずつ掲載しています。2つの対比によって、「どのレベルまで達していればOKか」という合格ラインがはっきりわかります。

- 神髄：答案を作成するための基本方針と、文章を書くための基本姿勢を示しています。

＊「合格点まであと一歩の答案例」「合格点がもらえる答案例」は、400字程度の分量まで達していない場合があります。また、答案例の文字数は横書きの原稿用紙を想定しています。
＊「合格点まであと一歩の答案例」「合格点がもらえる答案例」の記号には、以下のような意味があります。
　◎：合格レベルの答案／○：許容レベルの答案／△：評価が分かれる答案／✗：減点される答案
＊この本で頻繁に出てくる用語は、以下の意味をもちます。
- 「現状」：問題文で要求されているテーマが有する特徴。
- 「定義」：言葉の正確な意味。定義を示すことによって、自分がその言葉を知っている点、および現代社会に対してアンテナを張っている点がアピールできる。
- 「問題点」：「現状」のままでは不適切であり、改善が必要な箇所。

人口減少社会

成長社会から成熟社会へ

頻出ランク ★★★★★

これがテーマの 神髄 だ!

★人口減少社会の現状
- 人口減少社会：社会において、死亡数が出生数を上回る現象が継続し、人口が減少していく状態
- 人口減少と少子高齢化が同時に進行
- 経済の担い手となる生産年齢人口が減少

★人口減少社会の問題点
- 人手不足：外国人労働者の受け入れ➡社会・経済活動の維持
- 過疎（か そ）：地域の活力低下➡国全体の活力低下のおそれ

★人口減少の原因
- 出生率の低下：育児と仕事の両立が困難など
- 生涯未婚率の上昇：そもそも結婚しない人たちの増加
- 晩婚化：遅い年齢から子育てを始めることへのためらい
- 多死社会：寿命などで死を迎える人が多くなる社会

★人口減少社会への対策
- 出生数の増加：待機児童の減少／育児休業取得の推進
- 社会・経済活動の維持：定年延長／働き方の多様化
- 過疎対策：テレワークの活用
- 人口減少を「成熟社会」への転機ととらえる視点

テーマ ［解説］

▌実際の出題例を見てみよう！　　　　　➡解答・解説は p.15 〜

➡解答・解説は p.15 〜

出題例

「人口減少社会」について論じなさい（300 〜 500 字程度）。

（東北福祉大／改）

★人口減少社会の現状

青葉さん、はじめまして。石関と言います。これから、社会科学系小論文対策を究めていきましょう。

先生、はじめまして。青葉です。第1志望校合格のために小論文を得点源にしたいです。どうぞよろしくお願いします！

「人口減少社会」とは、社会において、死亡数が出生数を上回る現象が継続し、人口が減少していく状態。日本では2016年に、年間死亡数が出生数を上回る状況になったの。この傾向は将来も続くと予想されていて、2050年代以降には、日本の人口が1億人を割り込むと試算もされているの（2024年2月現在は、約1億2,396万人）。

次のページにある2つのグラフを見てね。また、日本の社会問題を語るうえで重要なキーワードも以下に示しておくわ。

- ●年少人口：15 歳未満
- ●生産年齢人口（「現役世代」とも言う）：15 〜 64 歳
- ●高齢者人口：65 歳以上
- ●後期高齢者：75 歳以上

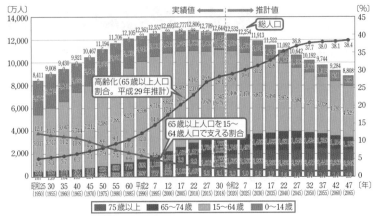

＊「令和3年版高齢社会白書」を参考に作成。

高齢化の推移と将来推計

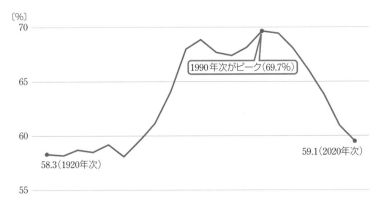

＊総務省統計局公表資料「令和2年国勢調査」の結果を参考に作成。

総人口に占める生産年齢人口の割合推移

この2つのグラフ、人口減少社会のさまざまな側面を表していますね。

　では、その「さまざまな側面」を整理していきましょうか。以下のとおりよ。

---

❶ 総人口のピークは2010年あたり。厳密に言うと、日本の人口は2008年をピークに減少に転じている。

❷ 年齢別では、年少人口が1985年以降減少の一途をたどっている。

❸ 高齢者人口は増加。とりわけ、後期高齢者の人口増加が顕著。

❹ **❷**・**❸**から、日本では、<u>人口減少と少子高齢化が同時に進行していることがわかる。</u>

　　＊「少子高齢化」とは、全人口に占める65歳以上の割合が増加する「高齢化」と、年少人口が減少する「少子化」が同時に進行する現象。

❺ <u>経済の担い手となる生産年齢人口の減少も明らか。</u>

　たしかに、人口減少社会の到来には、次の項目で取り上げるように、さまざまな問題点があるわ。一方、頭の柔らかさが必要とされる受験小論文では、「人口減少＝悪」という見方をいったん保留して、「そもそも、現在の日本の人口は適正なのかどうか」という視点をもつことも大切よ。

　たとえば、日本の食料自給率は38％、エネルギー自給率は11％（いずれも2021年）。このように、食料とエネルギーの大部分を海外からの輸入に頼らざるをえない原因は、約1億2,000万人もの人びとが住むという人口の多さ（2023年時点で世界12位）にあると考えることもできるの。だから、人口減少が進めば食料とエネルギーの需給バランスが改善される可能性があるわね。

★人口減少社会の問題点

❶ 人手不足

　働く世代である生産年齢人口が減少すれば人手不足に陥るわね。とくに人手不足が深刻なのは、医療・介護分野。高齢者が増えれば医療・介護を必要とする人も増えるから当然ね。日本政府は、2008年から外国人看護師と介護士を受け入れているの（インドネシア、フィリピン、ベトナムから）。医療・介護分野以外でも、建築現場やコンビニエンスストアなどで働く外国人労働者が目立つわね。今後も、人手不足解消のため、海外から働き手を受け入れて社会・経済活動を維持する必要があるわ。

❷ 過　疎

「過疎」とは、人口が急激に減少したことが原因となって、地域社会の機能が低下すること。

　過疎によって、学校、病院などの公共施設の閉鎖、スーパーマーケットなどの閉店が続き、生活必需品の購入が困難となった買い物難民の増加、田畑の放置、企業の移転による産業の衰退、空き家が増えることによる街の景観の悪化、自治体の機能不全などが生じるの。過疎を放置していると、地域の活力が失われるだけでなく、ひいては国全体の活力低下につながるおそれすらあるわ。

★人口減少の原因

　ここからは、人口減少が起こる原因を掘り下げていくわ。先述のとおり、人口減少は、出生数の減少と死亡数の増加によって起きるのよ。

　まず、「出生数の減少」について。内閣府の調査（2021年）によると、夫婦が理想だと考える子どもの数を調査したところ、「2人」が最多（55.1％）で、「3人」が2番目（26.7％）だったの。

　一方、日本の女性が一生のあいだに産む子どもの数の平均である合

計特殊出生率は1.20（2023年）。この結果からは単純に考えて、1組の夫婦から子どもが2人生まれれば人口は維持できる一方、2人に達していない1.30であれば人口減少が起きると考えられるわね。このように、<u>出生数の減少は出生率の低下</u>によって起きているの。そして子どもを2人以上もつことをためらう夫婦がいる背景には、「<u>育児と仕事の両立が難しい</u>」「<u>養育費や教育費の負担が大きすぎる</u>」などの事情があるのよ。

　また、「出産の前提に結婚がある」という考えが残る日本では、結婚しなければ出生率は低下する一方ね。実際、生涯未婚率（50歳時未婚率）が上昇しているの（2020年概数：男性28.3％／女性17.8％）。さらには、初婚年齢が上昇するという晩婚化も、<u>遅い年齢から子育てを始めることへのためらいを引き起こし、出生率の低下を招く</u>わ。

　次に、「死亡数の増加」について。現在、日本で最も人口が多いのは、1947〜1949年に生まれた「団塊の世代」。2020年代に入ってからはこの世代の人びとが75歳以上の後期高齢者の年齢になり始めたの。先述のとおり、現在の日本では、死亡数が出生数を上回っているわね。少子高齢社会の次には、この傾向が加速して死亡数がさらに増えていく多死社会が到来すると言われているの。

★人口減少社会への対策

　国立社会保障・人口問題研究所の予想によると、日本の人口減少の下げ止まりは2060年ごろだそうよ。そのときの日本の人口は、およそ8,670万人と推計されているの。

現在から約4,000万人も減るのですか……そんなに減ってしまったら、社会を維持できなくなるのではないでしょうか？　どのような対策が考えられるのでしょうか？

出生数を増やす対策としては、出産・育児をしやすい社会への変革が必要でしょうね。具体的な対策としては、保育園に入ることができない待機児童の解決、児童手当の増額、男性による育児休業取得の推進など。このように、子どもを産みたい・育てたいという人への支援を進めるべきね。

人手不足による社会・経済活動の停滞を防ぐ対策としては、定年延長、労働人口の増加につながる働き方の多様化の推進など。また、税収減少への対策として、将来的な増税も視野に入れる必要がありそうね。

2015年、当時の安倍晋三内閣は、人口減少社会、社会の少子高齢化への取り組みとして、「一億総活躍社会の実現」という目標をかかげたの。「一億総活躍社会」とは、男性も女性も、若者もお年寄りも、家庭で、職場で、地域で、あらゆる場でだれもが生き生きと活躍できる「全員参加型の社会」のことよ。これも対策の一環ね。

過疎への対策も必要ね。たとえば、インターネットやパソコンなどを使って業務を行なうテレワークの活用によって、大都市圏を離れ地方で暮らす働き手を増やすという取り組みが考えられるわ。過疎対策というと、企業や学校の誘致、助成金の支給が定番だけど、新型コロナウイルス感染症の感染拡大をきっかけに地方への移住者が増えているから、テレワークの拡大は現実的な施策ね。

じつは、人口減少社会は、日本だけでなく、イタリア、ドイツなどでも見られるの。人口減少社会は先進国にとっての宿命なのかもしれないわ。

日本では長いあいだ、つねに物質的な豊かさを求める「成長社会」をめざしてきたわ。これは、人口増加を前提とした社会のあり方だったの。でも、人口減少を、精神的な豊かさに重きを置く「成熟社会」への転機だととらえる視点も、これからは必要とされていくかもしれないわ。

出題例の[解答・解説]

出題例 再録

> 「人口減少社会」について論じなさい（300〜500字程度）。

構想メモを書いてみよう！

●現状：人口減少社会の定義・問題点を示す

- 人口減少社会：社会において、死亡数が出生数を上回る現象が継続し、人口が減少していく状態
- 日本では、人口減少と少子高齢化が同時に進行
- 問題点：人手不足と過疎

●原因：人口減少の原因を分析する

- 少子化の進行：仕事と育児の両立の難しさ、養育費や教育費の大きすぎる負担
- 多死社会への移行：人口最多の団塊の世代が後期高齢者に

●対策：人口減少社会が抱える問題の対策を講じる

- 人手不足への対策：定年延長、働き方の多様化の推進など
- 過疎への対策：テレワークの活用によって、大都市圏を離れ地方で暮らす働き手を増やす

　第1段落では、「人口減少社会」の定義を示すとともに、そこで起きている問題点を指摘する。問題点を示すことには、議論が多角的になるという効果がある。第2段落では、人口減少の原因を分析する。第3段落では、第1段落にて指摘した問題点への対策を提示する。「論じる」とは、「現状」「原因」「対策」などを述べることである。

合格点まであと一歩の答案例

①「人口減少社会」とは、社会において、死亡数が出生数を上回る現象が継続し、人口が減少していく状態をさす。②日本の人口減少社会の特徴は、人口減少と少子高齢化が同時に進行している点にある。③そこから生じる問題として、私は出生数の減少と人手不足を挙げたい。

④私は、人手不足も過疎も困ったものだと思う。⑤人手不足と過疎は、深刻化する一方だ。⑥若者が地方から大都市圏に出てしまい過疎が進むと、高齢者だけが残されることになる。

⑦私は、人口減少を食い止めるべきだと考える。⑧では、どうすれば食い止めることができるのか。⑨それは、子どもを増やすことである。⑩近年、未婚の人や晩婚の人が増えている。⑪しかし、人として生まれたからには、子孫を残すべきである。⑫そういった考えをもつ人が1人でも増えることを、私は願う。

(336字)

全体を通じた コ メ ン ト ✒

　15ページで、「論じる」とは「現状」「原因」「対策」などを述べることだと説いた。一方、この答案は「論じる」ことができておらず、自分の個人的な意見を述べているだけの「作文」に終始している。また、主観的な内容も含まれているため、減点される可能性が極めて高い。

答案例への コ メ ン ト ✒

➡❶：○　「人口減少社会」の定義から始めた点がよい。定義の内容も正確。

➡❷：○　日本の人口減少社会がもつ特徴を指摘できている。

➡❸：○　取り上げた2つの問題点も適切である。

➡❹：✕　「困ったものだ」というあなたの感想を述べるだけでは、単なる作文であり、小論文ではない。

➡❺：△　❹とのつながりはあるが、とくに必要な情報とは言えない。

➡❻：△　❺を受けて「過疎」を説明しているが、❺と同様、構成のうえで重要な情報とは言えない。

➡❼：○　自らの意見を表明している点はよい。

➡❽：○　❾で述べることとなる対策にうまく接続している。

➡❾：○　表現としては露骨だが、❽への答えとしては成立している。

➡❿：△　人口減少の原因であるから、前の段落で述べるのが適切。

➡⓫：✕　出産・子育てを望まない人も存在する。この1文は減点される。

➡⓬：✕　受験小論文として不適切な⓫の内容を強化してしまっている。

神 髄 1

　「論じる」ことができていない内容、主観的な意見や個人的な感想にならないように注意。

合格点がもらえる答案例

●現　状

❶「人口減少社会」とは、社会において、死亡数が出生数を上回る現象が継続し、人口が減少していく状態をさす。❷日本は2000年代後半から人口減少社会に入っているが、その特徴は、人口減少と少子高齢化が同時に進行している点にある。❸そこから生じる問題として、私は人手不足と過疎を挙げたい。❹とくに、過疎を放置していると、地域の活力低下と国の活力低下が進行しかねない。

●原　因

❺人口減少の原因は、まず、少子化の進行にある。❻その背景には、仕事と育児の両立の難しさ、養育費や教育費の大きすぎる負担がある。❼2つ目の原因は、多死社会への移行にある。❽団塊の世代が人生を終えるころ、その現象はますます顕著になるだろう。

●対　策

❾人口減少への対策のうち人手不足に関しては、人手不足が引き起こす社会・経済活動の停滞を防ぐ必要がある。❿そのためには、定年延長、働き方の多様化の推進などを図るべきである。⓫また、過疎による地域の活力低下を防ぐ必要もある。⓬そのためには、テレワークの活用によって、大都市圏を離れ地方で暮らす働き手を増やすべきである。

（440字）

> **全体を通じた コ メ ン ト** ✎
>
> 「合格点まであと一歩の答案例」と異なり、「人口減少社会の原因」を第2段落で正確に分析している。また、第1段落でピックアップした問題点への対策を第3段落で説明できていて、構成にも一貫性がある。

> **答案例への コ メ ン ト** ✎

➡**❶**：○ 「人口減少社会」の定義から始めた点がよい。ただし、定義から書き始めることがどんな場合でも正解だとは必ずしも言えない。たとえば、「喫煙」がテーマの場合であれば、「喫煙とはタバコを吸うことである」などと、わかりきっている定義をわざわざ示すのは字数の無駄づかいである。

➡**❷**：○ 日本における人口減少社会の特徴を正確に説明している。

➡**❸**：○ 挙げている問題点が適切。

➡**❹**：○ ❸の問題点が進行することによる弊害を正確に説明している。

➡**❺**：○ 人口減少の1つ目の原因を端的に示している。

➡**❻**：○ ❺の原因の背景を正確に説明している。

➡**❼**：◎ 人口減少の2つ目の原因を挙げている。多角的な分析がアピールできていて、秀逸。

➡**❽**：△ 「人の死」を表現することには慎重でなければならないが、この表現であれば問題ない。

➡**❾・❿**：○ 「人手不足」対策の必要性と具体的な内容を説明している。

➡**⓫・⓬**：○ 「過疎」対策の必要性とその具体的な内容を説明している。

┌ **神 髄 2** ┐

答案に「現状」「原因」「対策」を盛り込むことは、受験小論文の基本中の基本。論理的な答案に仕上げるためには不可欠である。

若者気質

Z世代の生き方と特性

頻出ランク ★ ★ ★ ★ ★

これがテーマの 神髄 だ！

★「若者」の定義
- Z世代：1990年代後半から2000年代に生まれた人をさす

★若者気質
- 長所：❶素直である➡ひねくれたところがなく、親との関係も良好
  - ❷適応力が高い➡デジタル面では、SNSを使いこなす
  - ❸国際感覚に富む➡外国人との交流、海外生活を経験
- 短所：❹主体性に乏しい➡受け身で指示待ち
  - ❺同調圧力に弱い➡周囲に流される
  - ❻自己顕示欲が強い
    - ➡SNS上で不特定多数に自分のことを披露

★❶〜❻の問題点
- ❶・❹➡問題意識やアイデンティティが育たない
- ❷・❺➡その場のノリでトラブルに巻き込まれることもある
- ❸➡日本の社会や教育現場の国際化の弊害
- ❺➡疎外されることをおそれる／❻➡承認欲求を満たしたい

★若者気質への意見
- 若者の生き方や気質は社会を反映
- 周囲の大人が適切なアドバイスを
- 自己肯定感をもとう
- いつまでも若者でいられないことを自覚しよう

テーマ［解説］

実際の出題例を見てみよう！

→解答・解説は p.27 〜

出題例

「現代の日本の若者気質」について論じなさい（400 字以内）。

（聖路加国際大／改）

★「若者」の定義

今回は、21世紀、令和の時代に生きる若者の特性がテーマです。出題例については「気質」という言葉が出てきているわね。「気質」は「きしつ」「かたぎ」と読んで、「生き方や心のもち方の特徴」を意味するの。

歴史の授業で、坪内 逍遥の『当世書生気質』という作品を習いました。現代文の先生からは「現代の学生の生き方や、精神的な特徴を書いたものだ」と教わりました。それと関係がありますか？

おおいに関係があるわ。いつの時代も若者の生き方や心のもち方は、社会を映す鏡なのね。今回のテーマのサブタイトルに「Z世代」という言葉を使ってみました。最近よく使われる言葉だけど、青葉さんはZ世代を知っているかな？

最近、よく耳にします。「団塊の世代」みたいなものかな？

そうそう。 テーマ1 にも出てきたとおり、団塊の世代とは、終戦2年

後の1947年から1949年生まれをさすことが多いけど、Z世代は1990年代後半から2000年代に生まれた人をさすわ。アメリカ由来の言葉ね。ちなみに、1960年から70年代生まれを「X世代」、1980年から90年代前半生まれを「Y世代」とも呼びます。青葉さんはZ世代ね。

★若者気質とその問題点

　それでは、Z世代の気質、つまり生き方や心のもち方について考えてみましょうか。20ページに長所と短所をいくつか挙げてみたけど、青葉さんは思い当たるものはあるかしら？

そうですね……「同調圧力に弱い」かなあ。高2のとき、クラスに、よく言えばリーダーシップがある、悪く言うと「仕切り屋」の子がいたのです。ある日、「あの子の仕切りには我慢できない。みんなで無視しよう！」という雰囲気にクラス中がなって……私もそれにのまれて……無視してしまいました……悪かったと思っています。私、周りからの「圧」に弱いのです。友達もよく「『アツ』に負けたー！」と言っています。

　そっか。つらいことを思い出させちゃったわね。「同調圧力」というのは、集団全体の意思を決めるときに、少数派も多数派に同意せざるをえないような圧力、今風に言うと「圧」をかけること。その結果、少数派が多数派に流されて、少数派の意見が尊重されなくなるという問題もあるわ。

　周囲に流されて従っていれば、楽といえば楽だけど、その結果「これでいいのかな？」という問題意識が育たなくなったり、「私は私。意志を貫いて私らしく生きたい」という「アイデンティティ」をもてなくなったりという問題もあるわね。

もう1つ、気質の例を挙げていいですか？ SNS上で自分の姿や生活ぶりを、時には「盛って」アップしたりすることに、あまり抵抗がない人っていますよね。えーっと、先生、そういうことを何と言うのでしたっけ？

「自己顕示欲が強い」かな？

あっ、そうです！ 私たちって生まれたときからパソコンとかスマホとかが身近にあって、自分からも情報発信したりできるでしょ。そして「いいね！」をもらったりすると、自分がたくさんの人から認められたような気がするのです。すると「もっと私を見て！」と気持ちがエスカレートしてしまうのです。

いわゆる「承認欲求を満たしたい」という願望が、自己顕示欲の背景にある、というわけね。

そうかもしれません。でも、部屋の模様替えのようすをInstagram（インスタグラム）にアップしたら、窓の外の景色から、家を特定されちゃった人もいます。さっきの同調圧力もそうだけど、その場のノリに流されないで、ちゃんと自分をもたなくちゃ。

★若者気質への意見

　そこまで気づけるのは偉いね。青葉さんの話を聞いていると、大人の私たちもしっかりしなければ、と思うわ。Z世代の人たちは、生まれたときから当たり前のようにデジタルに触れて、自分で情報を発信したり、外国の人たちともネットでつながったりしているでしょう。そういった行動に対してトラブルにあったりしたときは、大人が適切に対応できるようになりたい、と思うわね。もちろん、そのようなトラブルを未然に防ぐ教育を学校で行なっていく必要もあるわ。

　いまの大人は過保護だって言われるけれど、人生の先輩として、若者の問題意識や主体性が育つようなアドバイスができれば、と私自身も思います。最近の若い人はとても素直だし。

それは、わかります。学校の先生にも「最近の生徒は聞き分けがいい。反抗期とかあった？」と聞かれます。そう言えば……ありませんでした。

　Z世代のみなさんに私がアドバイスしたいのは、「自己肯定感をもとう」ということ。自己肯定感とは「自分で自分を受け入れ認めること」。

　次ページのグラフを見てね。「自分には長所がある」と「自分自身に満足している」について日本と諸外国の若者を比較した結果です。

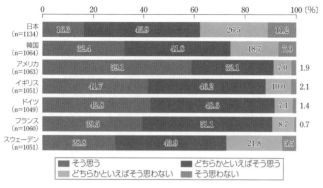

*内閣府「令和元年版 子供・若者白書」を参考に作成。

「自分には長所がある」

「自分には長所がある」について「そう思う」と答えた日本の若者は16.3％で、日本、韓国、アメリカ、イギリス、ドイツ、フランス、スウェーデンの7か国中最下位。1位のアメリカは59.1％と、日本の3.6倍も高い。逆に「そう思わない」と答えたのは、日本の若者が1位なのよ。

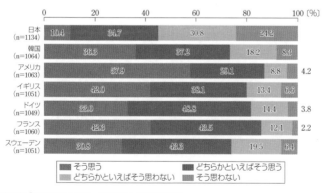

*内閣府「令和元年版 子供・若者白書」を参考に作成。

「自分自身に満足している」

「自分自身に満足している」についても「そう思う」と答えた人の割合は日本の若者が10.4％と7か国中最も低く、「そう思わない」と答えた人の割合が24.2％と最も高いの。

自分のよさを認めて、いまの自分に満足することができないのですね。私もそうかも。自分を肯定できないから、仲間からの疎外をおそれて周囲に流されたり、逆に「盛ったり」するのかな？

そうとも言えるかもしれないわね。自己肯定感をもてれば、他者からの「いいね！」を求めてSNSで必要以上に盛ったり、プライバシーをさらしたりしてトラブルに巻き込まれたりすることも防げるでしょう。「私は私」と自分を肯定できれば、疎外感が怖くて同調圧力に屈することもなくなるかもね。

　若者はいつまでも若者ではいられない。やがて大人となって社会を担っていくようになるわけだけど、Z世代はそれまでの世代にはない特性をいかして、これからの世界を生きていってほしいと思います。

　私たち大人も「最近の若者は……」で終わりにせず、必要に応じてサポートやアドバイスをしたり、何よりも若者に恥ずかしくない生き方をしていかなくてはね。若者の生き方や気質はその社会を反映したものだから。

出題例の[解答・解説]

「現代の日本の若者気質」について論じなさい（400字以内）。

構想メモを書いてみよう！

○ 気 質：現代の日本の若者気質を提示する

- 現代の日本の若者は同調圧力に弱い

○ 問題点：その気質の問題点を指摘する

- 周囲に流され、アイデンティティをもてなくなる

○ 背 景：気質の背景を分析する

- 自分に自信がない
- 自分を貫くことにより、周囲から疎外されることをおそれる

○ 意 見：問題点への対応策を提案するつもりで前向きな意見を述べる

- 「私は私」という自己肯定感をもち自分の意思や行動を大切にする
- 「いつまでも若者ではいられない」という自覚も必要だ
- 大人は「最近の若者は……」と眉をひそめるばかりでなく、必要に応じてアドバイスをする

「気質」は1つに絞ろう。2つも3つも挙げると答案の方向性が散漫になる。気質の後に体験談を加えると、答案に個性が出て、実感がこもる。「意見」は「今後のあり方」の角度から前向きに、問題点への対応策を提案するつもりで。今回の段落構成は、第1段落は気質や体験談、問題点、第2段落は背景、第3段落は意見とする。

合格点まであと一歩の答案例

私は日本の若者の気質として、まず、同調圧力に弱いことを挙げたい。そのため周囲に流され自分らしさを失ってしまうことがある。次に自己顕示欲が強いことを挙げたい。SNS上で発信した内容がきっかけとなり、トラブルに巻き込まれるケースもある。

それらの背景として次の点が考えられる。まず、同調圧力に弱いのは、同調圧力に屈することなく、自分の意志を通した結果、周囲から疎外されることをおそれているのだ。次に自己顕示欲が強いのは、SNSの発達が考えられる。

私はこれらの対応策としてまず、自分の意志をしっかりもつことを勧めたい。それによって同調圧力に屈せずにすむ。次に親や教師が注意をするべきだ。人生の先輩としてSNSの怖さを教える必要がある。それによってSNSによるトラブルから若者を守ることができると考える。

(347字)

全体を通じた コ メ ン ト

　若者の気質として「同調圧力に弱い」と「自己顕示欲が強い」の2つを取り上げてしまっている。そのため、その後の問題点・背景・意見も2つずつ書くことになってしまった。これでは論点が2つに分かれ、どっちつかずの内容になってしまう。400字以内という指定字数から考えても、どちらか一方に絞ろう。また、気質の後に体験談を加えてみよう。さらに言うと、第3段落では対応策だけでなく若者の気質についてのあなたの意見を加えると、より小論文らしい内容に仕上がる。

答案例への コ メ ン ト

→**❶**：○　若者気質として挙げたいことを第1文に示したことはよい。

→**❷**：○　❶から生じる問題点を指摘したところもよかった。

→**❸**：✕　若者気質の2つ目を書いたため柱が2本立ってしまった。

→**❹**：✕　❸に付随する形で問題点を挙げ、やはり柱が2本立っている。

→**❺**：○　背景を書こうとしているところは評価できる。

→**❻**：○　❶・❷の背景にふさわしい内容になっている。

→**❼**：✕　❸・❹と同様、答案が2つの方向へと展開している。

→**❽**：○　適切な対応策が書けている。

→**❾**：△　❽から伝わってくるので省略可。

→**❿**：✕　❸・❹・❼と同じ理由により不可である。

→**⓫・⓬**：✕　SNS問題へとズレている。

神髄 3

　論点を1つに絞ったほうが一貫性のある答案に仕上がる。指定字数が少ない場合はなおさらである。

合格点がもらえる答案例

気質と問題点

　私は日本の若者の気質として、同調圧力に弱いことを挙げたい。昨年、クラスに過度の仕切り屋がいた。彼女に反発して、クラス全体が無視することになった。私もその雰囲気にのまれてしまった。あのとき流されてしまった自分を、いまは反省している。自分で判断し、行動することの大切さを忘れていた。

背　　景

　同調圧力に屈してしまう背景として、やはり疎外恐怖が考えられる。自分の意志を通して、クラスから浮いてしまったり、最悪の場合、クラスから仲間外れにされてしまうことが怖いのである。これは日本の若者が最もおそれることの1つだ。

意　　見

　しかし、周囲に流されていては、いつまでたっても成長できない。そして自分というものを確立できない。したがってこれからは周囲に屈することなく、自分の意志を貫く経験もするべきだ。そのようなことの必要性を、大人たちも人生の先輩としてアドバイスするべきだ。若者気質は社会を映す鏡だからである。

（389字）

全体を通じた コメント

　第1段落では、若者気質として「同調圧力に弱い」ことの1つに絞り、体験談➡問題点へと展開している。第2段落では、同調圧力に屈してしまう背景を「疎外恐怖」の角度から分析している。第3段落では、「同調圧力に弱い」ことをどう改善していくべきかを提案し、最後に今回のテーマである「若者気質」への意見を示して締めくくっている。

答案例への コメント

➡①：○　日本の若者気質を1つに絞って提示している。

➡②・③・④：○　①の体験談を述べている。

➡⑤・⑥：○　⑤だけで体験談を終わりにすると、「反省文」で終わってしまうが、⑥を加えることで、「同調圧力に屈するとどこが問題なのか」が明らかになっている。

➡⑦・⑧・⑨：○　仲間から疎外されることをおそれる、という視点から背景を示している。

➡⑩・⑪：○　「問題点」とも受け取られるが、結論部にもってくることによって「私の意見」になっている。

➡⑫：◎　今後の改善策を「若者はどうあるべきか」の角度から述べていて、とてもよい。

➡⑬：○　今後の改善策を「大人はどうあるべきか」から述べている。

➡⑭：○　若者気質を総括している。

神 髄 4

　内容の絞り込みが、まとまりのある答案につながる。

日本の社会保障制度

セーフティーネットのほころび

頻出ランク ★★★★★

これがテーマの 神髄 だ！

★社会保障制度とは

- ●安心・安定のためのセーフティーネット
- ●社会保険、社会福祉、公的扶助、保健医療・公衆衛生の4種類
- ●国と自治体が連携しながら実施

★社会保険（年金・医療・介護）

- ●老齢年金、障害年金、雇用保険、医療保険など
- ●需要と供給のアンバランス、保険料未納者の増加
  - ➡賦課方式から積立方式へ
  - ➡支給開始年齢を遅らせる
  - ➡銀行口座などから強制的に引き落としをする

★社会福祉

- ●障害者施設、ひとり親世帯への支援、被虐待児の保護
- ●職員不足、職員からの虐待
- ●ニーズに合った支援がなされていない

★公的扶助

- ●生活保護の不正受給／●受給者との定期的な面談

★保健医療・公衆衛生

- ●予防接種の副反応／●リスクと効果の情報提供

テーマ ［解説］

実際の出題例を見てみよう！　➡解答・解説は p.39〜

出題例

　わが国の社会保障制度の例を1つ挙げ、どのような問題を抱えているのか説明しなさい。また、それを持続可能な制度とするためにはどのような改革が必要か、あなたの考えを述べなさい（400字以内）。

（東京医療保健大）

★社会保障制度とは

この前、父が言っていました。「定年は60歳なのに、年金の支給は65歳からだよ。空白の5年間の生活設計をそろそろ考えないとなあ」って。母も「そもそも年金制度は維持できるのかしら？」と不安そうでした。

　今回のテーマは、社会科学系入試小論文頻出の「日本の社会保障制度」よ。いま、「人生90年時代」とか「人生100年時代」とか言われているけれど、長い人生、いつも健康で安全に安心して生きていけるわけではないの。病気をしたり、けがをしたり、失業したり、災害や事故にあったりすることもある。そんなときに支えてくれるしくみが社会保障制度よ。今回は厚生労働省のホームページや刊行物にもとづいて説明していくわね。

　日本の社会保障制度は、国民の「安心」や生活の「安定」を支えるセーフティーネットなの。①社会保険、②社会福祉、③公的扶助、④保健医療・公衆衛生から成るのよ。1つずつ、問題文に沿って「制度の概要と種類」「どのような問題を抱えているのか」「それを持続可能な制度とするためにはどのような改革が必要か」を説明するわね。

★社会保険（年金・医療・介護）

◆制度の概要と種類

社会保険は、❶年金、❷医療、❸介護の3種類に大別されるの。

> ❶ 年金（公的年金）：老齢・障害・死亡等にともなう所得の減少を補填（ほてん）し、高齢者、障害者および遺族の生活を保障する制度。

老齢年金は2階建てになっていて、1階部分が国民年金（基礎年金）、2階部分が厚生年金なの。国民年金は、日本に住んでいる20歳以上60歳になるまでの全員が加入、厚生年金は、会社などに勤務している人が加入するわ。国民年金の保険料は2023年4月〜2024年3月までは毎月16,520円。20歳から60歳になるまで40年間保険

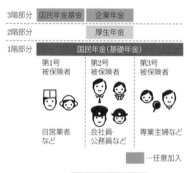

日本の年金制度

料を払った場合の国民年金の支給額は、65歳から年額795,000円（2023年度）で減額傾向にあるわ。厚生年金の保険料は年収に定率を乗じて計算されるの。公的年金の上乗せとして国民年金基金、企業年金などの制度があり、年金額を増やすことができるの。

> ❷ 医療保険：収入に応じた健康保険料を毎月納付すると保険証が交付され、窓口負担額が原則3割になる制度。
>
> ❸ 介護保険：40歳から介護保険料を納付すると、介護が必要になったとき、原則1割の自己負担額でサービスが受けられる制度。

❷と❸の保険料支払いは生涯続きます。

◆ どのような問題を抱えているのか

ここではとくに❶の年金（公的年金）について説明するわね。

- 需要と供給のアンバランス：老齢国民年金は、20歳から60歳未満の人が納付した年金保険料を、65歳以上の人に分配する「賦課方式」を採用しているので、少子高齢化が進んで20歳から60歳未満の人口が減り、65歳以上の人口が増えると、必然的に需要と供給がアンバランスになるわけ。これは❸の介護保険にもあてはまるわね。

- 年金保険料の未納者の増加：国民年金は、保険料納付済期間が10年以上であることが支給の条件（2022年現在）。でも、国民年金保険料の未納者は3割に上ると言われているわ。原因の1つは非正規雇用者の増加。非正規雇用者は収入が不安定なことが多いので、毎月の年金保険料を納付するのは負担になるのね。近年、❷の医療保険にも同様の問題が生じてきているようね。

- 定年と年金の兼ね合い：企業の多くは60歳を定年と定めているけど、年金支給は原則65歳から。この空白の5年間の生活費をどうやりくりするかが問題になっているの。

◆ それを持続可能な制度とするためにはどのような改革が必要か

- 自分の年金分を自分で積み立てる「積立方式」へ変更する。
- 年金支給額を減額する。
- 年金支給開始年齢を遅らせる。
- 保険料未納を防ぐため銀行口座からの強制引き落としにする（❷と❸も同様）。
- 自助努力。若いころから定年後の経済計画を立てる。これは「若いころから健康寿命の延伸に努める」と言い換えると❷と❸の改革にもつながるわね。

★社会福祉

◆制度の概要と種類

　障害者、ひとり親家庭など、社会生活をするうえでさまざまなハンディキャップがある国民が、それを克服して安心して社会生活を営めるように支援を行なう制度。

> ❶　社会福祉：高齢者、障害者等が円滑に社会生活を営むことができるよう、在宅サービス、施設サービスを提供する。高齢者施設、障害者施設の運営、ひとり親世帯への支援等を行なう。
> ❷　児童福祉：児童の健全育成や子育てを支援する。<u>被虐待児の一時保護</u>等を行なう。

◆どのような問題を抱えているのか

- 職員不足：高齢者や障害者を対象としたサービスは、食事、入浴、排泄など生活全般に及ぶため、<u>職員の勤務内容は過酷なものになりがち</u>である。
- 職員からの虐待：過去には、性犯罪や殺人事件にまで発展した例もある。
- ニーズに合った支援がなされていない。
- 利用者のプライバシーが漏洩した事例がある。

◆それを持続可能な制度とするためにはどのような改革が必要か

- 職員の待遇改善：賃金を上げたり、労働内容を軽減したりする。
- 職員はモラルをもつ：人命にかかわる仕事をしているという意識を忘れない。
- ニーズを理解し、きめ細かな支援を行なえるよう、定期的な研修を実施する。

★公的扶助

◆制度の概要と種類

生活に困窮する国民に対して最低限度の生活を保障し、自立を助けようとする制度。

> ● 生活保護制度：日本国憲法第25条「すべて国民は健康で文化的な最低限度の生活を営む権利を有する」にもとづく。

◆どのような問題を抱えているのか

- 不正受給：就労収入、年金収入などを得ているにもかかわらず申告していない、あるいは虚偽の申告をして生活保護費を受給し続けている。
- 所有できるものに制限がかかる：自動車は生活保護を受けるにあたっては手放さなければならない。生命保険、学資保険などは、生活保護を受給するなら解約して当面の生活費に充てる必要がある。

◆それを持続可能な制度とするためにはどのような改革が必要か

- 福祉事務所職員は、生活保護開始時および継続時に、制度のしくみや届出の義務などを受給者にていねいに説明する。
- 生活保護を受けている世帯の自宅を、福祉事務所職員が定期的に訪問し、生活、就労、求職状況などを聴取し、生活上の変化について確認を行なう。

そして、新型コロナウイルス感染症の流行がきっかけで、私たちにもぐっと身近になった社会保障制度が「予防接種」ですね。

そうね。次に説明する日本の社会保障制度の4つ目は予防接種を含む「保健医療・公衆衛生」よ。

★保健医療・公衆衛生

◆制度の概要と種類

　国民が健康に生活できるよう、さまざまな事項についての予防・衛生のための制度。

> ❶　医療サービス：医師その他の医療従事者、病院等が提供する。
> ❷　保健事業：予防接種（たとえば、新型コロナウイルス予防ワクチン、子宮頸がん予防ワクチン）などを通じて、疾病予防、健康づくり等を行なう。予防接種には、法律にもとづいて市区町村が主体となって実施する「定期接種」と、希望者が各自で受ける「任意接種」とがある。定期接種は原則公費負担である。
> ❸　母子健康：母性の健康を保持、増進するとともに、心身ともに健全な児童の出生と育成を増進する。
> ❹　公衆衛生：疾病予防・環境保全等を行なう。

◆どのような問題を抱えているのか

- 人材不足：医療サービスを提供する医師、看護師、助産師、保健師などの数が足りない。
- ワクチンの問題・体制の不備：新型コロナウイルス予防ワクチン接種により副反応が起きる。国産予防ワクチンの開発が遅れている。政治と医療体制の連携が不徹底である。

◆それを持続可能な制度とするためにはどのような改革が必要か

- 広報活動などを通じて医療従事者を志望する人を増やす。
- 医学部生、看護学部生などに対する奨学金制度の拡充により、医療現場に立つ人を増やす。
- 政府や自治体は、ワクチン接種のメリットとリスクの両方についての情報を開示する。

出題例の[解答・解説]

出題例 再録

　わが国の社会保障制度の例を1つ挙げ、どのような問題を抱えているのか説明しなさい。また、それを持続可能な制度とするためにはどのような改革が必要か、あなたの考えを述べなさい（400字以内）。

 構想メモを書いてみよう！

現状：わが国の社会保障制度の例

- 老齢年金
  - ➡国民年金と厚生年金の2階建てになっている
  - ➡20歳から60歳になるまでの40年間での加入期間に応じて年金額が計算され、原則65歳から受け取れる
  - ➡最低10年間保険料を納付しなければならない
  - ➡賦課方式を採用している

問題点：どのような問題を抱えているのか

- 少子高齢化にともなう需要と供給のアンバランス
- 年金保険料未納者の増加
- 60〜65歳の空白の5年間

対策：持続可能にするための改革

- 賦課方式から積立方式へ
- 年金支給開始年齢を遅らせる
- 支給額減額もやむをえない？

　第1段落では、社会保障制度の例として老齢年金を取り上げ、そのしくみを説明する。第2段落では、老齢年金に関する問題点を指摘する。第3段落では、その問題点を解決するための現実的な対策を提案する。

私は日本の社会保障制度の中の老齢年金を取り上げたい。老齢年金は国民年金と厚生年金の2階建てになっている。その基礎部分である国民年金は、20歳から60歳未満の人が納付した保険料を65歳以上の人に分配する賦課方式をとっている。最低10年以上の加入期間に応じて年金額が計算され、加入は任意だ。

老齢年金制度がどのような問題を抱えているのか、というと、よく言われているのが「このままでは制度が破綻する」ということだ。日本では少子高齢化が進んでおり、年金保険料の納付者である20歳から60歳未満の人口は減少する一方だが、年金を受け取る高齢者は増える一方である。

老齢年金制度を持続可能な制度とするには、どのような改革が必要か。私は現在の賦課方式を廃止し、現役時代から定年後の経済計画を立てておくべきだと考える。長生きすることはすばらしいことだが、これからは長い人生の経済基盤も自己責任とするべきだ。

(386字)

全体を通じた コ メ ン ト

　まず、「国民年金の加入は任意である」など誤った内容の記述が残念だ。今回のようなテーマでは受験生の社会に対する基礎的な知識も文章力と合わせて見たいというのが出題側の意図なのである。日ごろから正確な知識の導入に努めよう。

　次に、あいまいな情報は題材に使わないようにしよう。たしかに「日本の年金制度が危機的だ」などという言葉は耳にするが、状況は刻々と変わっている。正確な情報を根拠として提示しよう。

答案例への コ メ ン ト

➡**❶**：〇　「老齢年金を取り上げたい」と示したところがよかった。

➡**❷**：〇　しくみの説明をしたこの文は正確である。

➡**❸**：〇　賦課方式の説明も正確だ。

➡**❹**：✕　加入は任意ではなく義務である。正確な内容を書こう。

➡**❺**：✕　世間で「よく言われていること」を問題として取り上げているため客観性に乏しい。

➡**❻**：〇　少子高齢化の説明は正確である。

➡**❼**：〇　問題文に沿って文章を進めている。

➡**❽・❾**：✕　制度改革ではなく自助努力へとズレている。

神髄 5

　正確な内容を書くことは非常に重要であり、文章に説得力をもたせるうえで欠かせない。自分が専攻したい分野についての基礎的な知識や情報は、日ごろから蓄積しておこう。また今回は持続可能な「制度」にするためにはどうすればよいか、と問われているので、制度自体の改革案を提案しよう。問題文は正確に解釈しよう。

合格点がもらえる答案例

● 現　状

私は日本の社会保障制度の中の老齢年金を取り上げたい。老齢年金は国民年金と厚生年金の2階建てになっている。その基礎部分である国民年金は、20歳から60歳未満の人が納付した保険料を65歳以上の人に分配する賦課方式をとっている。最低10年以上の加入期間に応じて年金額が計算され、加入は義務である。

● 問 題 点

老齢年金制度がどのような問題を抱えているのかというと、需要と供給のアンバランスである。日本は少子高齢化が進んでおり、年金保険料の納付者は減少する一方だが、年金を受け取る高齢者は増える一方である。

● 対　策

老齢年金制度を持続可能な制度とするには、どのような改革が必要か。私は現在の賦課方式から、自分の年金分を自分で積み立てる積立方式への変更を検討すべき時期に来ているのではないかと考える。ただその際には、積立方式と現在の私的年金制度とのちがいを、国民にきちんと説明する必要がある。

(375字)

全体を通じた コ メ ン ト

　問題文の要求に沿って、わが国の社会保障制度の例を1つ挙げ、どのような問題を抱えているか説明し、それを持続可能な制度にするために必要な改革を提案している。社会保障制度を説明するためには多くの字数を割かなければならないケースが少なくない。できるだけ無駄のない表現ができるよう、日ごろから練習を積んでおくことが大切である。

答案例への コ メ ン ト

➡❶：○　日本の社会保障制度の例として老齢年金を取り上げたいことを明確に示している。

➡❷・❸・❹：◎　老齢年金のシステムを正確にかつ、無駄なく説明できていてとてもよい。

➡❺：○　現在の老齢年金制度が抱えている問題点を、需要と供給のアンバランスの角度から指摘している。

➡❻：○　前の文をよりくわしく説明することができている。

➡❼：○　問題文に沿って問いを立てている。

➡❽：○　現在の賦課方式から積立方式への変更を解決策として提案している。

➡❾：○　前の文を補足する形で結論づけている。

神 髄 6

　社会科学系の小論文は、他学部の小論文に比べて、自分がもっている知識や情報を盛り込む割合が大きい。日ごろから社会の動きにアンテナを張っておこう。また問題点を取り上げたら、それを分析し、改善策や解決策を考える癖をつけておこう。

女性の社会進出

女性の就業とライフスタイル

頻出ランク ★★★★★

これがテーマの 神髄 だ！

★日本の女性の社会進出の現状
- M字カーブが崩れてきている➡女性の就業率が上がった
- 専業主婦世帯よりも共働き世帯が増えた
- 男女雇用機会均等法：男女双方に対する差別的取り扱いを禁止
- ガラスの天井：女性の昇進をはばむ見えない障害

★女性の社会進出の背景
- 性別役割分業意識の変化
  - ➡「男は仕事、女は家庭」という意識は根強いが、変化は起きている
- 女性のライフスタイルの変化➡良妻賢母から自立志向へ
- 女性の社会進出に対する追い風
  - ➡女性に長く働いてほしいという社会の要請

★女性の就業を進めるには
- 男女共同参画社会の実現
- SDGsの1つ「ジェンダー平等」
- 男女賃金格差の解消
- 意識改革：性別で決めつけず、個人の意欲・能力を尊重する
  - ➡ハラスメントの予防
- 仕事に対する自覚と責任感

テーマ ［解 説］

実際の出題例を見てみよう! ➡解答・解説は p.51～

出題例

「日本の女性の社会進出」について、あなたの考えを述べなさい（400字以内）。

(日本大／改)

★日本の女性の社会進出の現状

今回のテーマは「女性の社会進出」よ。女性の社会進出とは、かつて男性中心の仕事に女性が進出したり、女性の一生において社会に出て働く期間が長くなったりすること。さっそく下のグラフを見てね。

これは、日本の女性が仕事に就いている割合を年齢階級別に表したものよ。日本の女性の社会進出の1つの指標になるもの。日本の女性の働き方も見えてくるわね。

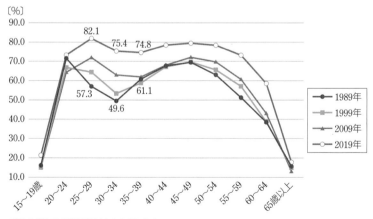

＊総務省統計局「労働力調査」を参考に作成。

女性の年齢階級別就業率の変化

公民の資料集にも載っていました。先生が「入試によーく出るから特徴を覚えておくように」とおっしゃっていました！

　さすが先生はよいことをおっしゃるわね。では、特徴を見ていきましょう。1989年に注目。就業率は20〜24歳と45〜49歳の2回のピークがあり、30〜34歳で最も落ち込むの。これがアルファベットの「M」に似ているので、「日本の女性の就業率はM字カーブ」と言われていたのね。

　ところが1999年、2009年、2019年とM字が崩れてきているのが明らかね。M字の底の値、つまり30〜34歳の就業率は1989年が49.6%だったのが、2019年には75.4%に上がっているわ。2019年には、すべての年代において就業率が最も高くなっている。日本の女性の就業率が上がっていることが明らかね。

　日本の女性の就業率が上がっていることを表すもう1つのグラフ「専業主婦世帯と共働き世帯の推移」を紹介するわ。

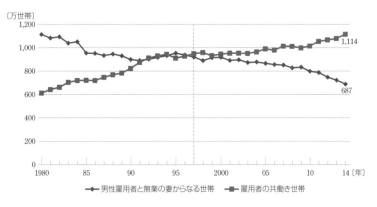

＊ 1980〜2001年は総務省「労働力調査特別調査」、2002年以降は総務省「労働力調査（詳細集計）（年平均）」を参考に作成。

専業主婦世帯と共働き世帯の推移

　1997年を境に、共働き世帯数が専業主婦世帯数よりも増えたことがこのグラフから読み取れるわね。結婚しても出産しても働く女性が増えたのね。

　いま、女性の社会進出のようすをデータで見たけど、実際、ひと昔前なら男性の職種と言われていたパイロットや建築士にも女性が進出しているわ。

　日本の女性の社会進出は、それまでの女性たちの長年のたゆまぬ努力のおかげ。そして法律面でいうと、1985年に制定された男女雇用機会均等法によるところが大きいわね。厚生労働省ホームページをもとに整理すると、男女双方に対する差別的取り扱いを禁止したことがポイントね。具体的には、雇用形態の変更・退職の勧奨・定年・解雇・労働契約の更新についての差別的な取り扱いの禁止などが挙げられるわ。

法律で雇用上の差別が禁止されたのは心強いです。でも現実は……。女性の社長さんは少ないし、女性首相も誕生していないし、医学部入試の合格点が男女で異なることが問題になったし。

　いわゆる「ガラスの天井」ね。能力のある人が目標をめざして上昇していくとぶつかる、見えない何かをさすのよ。

　では、ここからは女性の社会進出の背景にあるものを探っていきましょう。

★女性の社会進出の背景

❶　性別役割分業意識の変化

　まずは、45ページの「女性の年齢階級別就業率の変化」のグラフのM字カーブの底の部分、30〜34歳で就業率が落ち込んでしまうのは、この年齢で結婚・出産をする女性が日本では多いことが考えられるわね。仕事と家庭の両立が難しくなるからなの。

以前は休業期間中の手当が給付されなかったのだけれど、いまは給付のしくみがあるわ。それでも、男性の育児休業取得率は30.1％（2023年厚生労働省調べ）。まだ「男は仕事、女は家庭」という日本の伝統的な性別役割分業意識が根強いことがわかるわね。

❷　女性のライフスタイルの変化

　戦前の女性は、20代前半くらいまでに結婚し、「良妻賢母」になることが生き方のモデルだったの。それが戦後になると、社会の中で自分の個性や能力をいかしたい、自分で収入を得たいという自立志向の生き方を望む女性が増えたのね。

❸　女性の社会進出に対する追い風

　日本では、女性は結婚までは正社員として働き、結婚や出産で退職した後はパートやアルバイトとして働くことが多かった。ところが、テーマ1 「人口減少社会」でも述べたように、日本では人口減少と少子高齢化にともなって、人手不足が深刻化しているの。だから、女性もなるべく長く働いてほしい、という社会の要請や政府の思惑もあるわけね。平成不況や非正規雇用者の増加によって、所得の伸び悩みも生じているから、大黒柱（おもな稼ぎ手）は1本より2本のほうが生活が安定するという現実も見逃せないわね。

　私は、結婚後も出産後も働き続けたいと考えています。でも、それを友達に話したら「仕事して、家事やって、育児もやるのは大変だよ。私は専業主婦希望だなあ」と言われてしまいました……。

　もちろん、どんな人生を歩むのかはその人の自由。ただ、社会の中で自分をいかしたいと思う女性に対しては、その願いを実現させるための環境整備が求められるわね。

★女性の就業を進めるには

　最後に今後、日本の女性の就業を進めるためにはどんな環境整備が必要かをまとめていくわ。

　政府は1999年に男女共同参画社会基本法を施行したの。「家庭生活における活動と他の活動の両立」「政策の立案及び決定への男女共同参画を促す」とあるわ。さらに、2015年に国連が定めた持続可能な開発目標、いわゆるSDGs（→テーマ14）の中にも「ジェンダー平等」という項目があるの。ジェンダーとは、社会的・文化的・歴史的に定められた男らしさ・女らしさのこと。下のグラフを見てね。「ジェンダーギャップ指数」の中でも、日本は女性の経済と政治への参画指数が低いことがわかるわ。

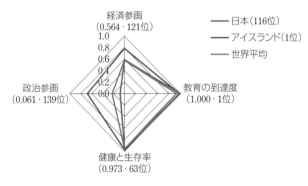

＊ジェンダーギャップ指数は、「経済参画」「教育の到達度」「健康と生存率」「政治参画」の4つの分野で、男女平等の度合いを指数化（女性／男性）して測定され、4つの分野を総合して、各国の順位が決定されます（数値が1に近づくほど平等で、遠ざかるほど男女格差が大きいと評価されます）。
＊内閣府『共同参画』を参考に作成。

ジェンダーギャップ指数 (2022年)

　今後、女性の社会進出を進め、ジェンダー平等を実現するには、環境整備が重要よ。たとえば、出産後も仕事が続けられるよう託児施設を増やして、保育所入所を待っている待機児童の問題を改善することや、夫も育児休業を取りやすくすることが必要になってくるわね。

2022年に施行された育児・介護休業法では、本人が言い出さなくても「休業を取りますか？」と企業側から働きかけることが義務づけられたの。多くの人が育児・介護休業を取得するには、日本人の長時間労働問題の改善も必要になってくるけど、長い目で見ればそれが人手不足の解消につながるだろうし、SDGsの「ジェンダー平等を実現しよう」の達成にもつながるのではないかしら。

　次に意識改革。性別で決めつけず個人の意欲や能力を尊重するという考えを社会全体がもつべきでしょうね。「女だからこの仕事は無理だ」とか「女のくせに机の上が乱雑だ」などと言いたくなったら、その言葉に「女だから」「女のくせに」が必要かどうかを考えてほしいかな。そういう言葉を使うと、いまはセクシャルハラスメント（セクハラ）、モラルハラスメント（モラハラ）、パワーハラスメント（パワハラ）になる場合もあるからよくよく考えてほしいわね。

　最後に1人ひとりの自覚と責任感。これは何も女性に限ったことではないけれど、どんな社会活動にも意味があって、そこには責任がともなうという自覚をもち続けることが大切ね。女性がここまで社会進出できるようになったのは、先輩たちの努力があったから。そのことも頭の片隅に置いておくといいと思います……なんだか最後はお説教じみてしまったわね。

はい、そうします。長い人生、社会人としても個人としても自分らしく生きていきたいな。

出題例の[解答・解説]

第1章

出題例 再録

「日本の女性の社会進出」について、あなたの考えを述べなさい（400字以内）。

構想メモを書いてみよう！

現状：日本の女性の社会進出の現状・きっかけ・問題点を示す

- M字カーブの30〜34歳の値が上昇
- 共働き世帯が専業主婦世帯を上回る
- きっかけは男女雇用機会均等法
- 「ガラスの天井」の問題

背景：日本の女性の社会進出の背景を分析する

- 女性のライフスタイルの変化
- ガラスの天井の正体の1つである性別役割分業意識

展望：今後の女性の就業を見通し、課題を述べる

- 男女共同参画社会の実現を
- SDGsの中のジェンダー平等
- 性差より個人の意欲と能力を尊重
- 環境整備
- 自覚と責任感

今回の課題に取り組むには、日本の女性の社会進出についてある程度の知識や情報が必要となる。新聞などで情報をストックしておこう。

私は日本の女性の社会進出に賛成だ。　社会に出て働くことによっ
て、収入を得ることができるし、生き生きとすることができるからで
ある。

　私の母は専業主婦だ。　父と結婚するまではデパートの婦人服売り
場で働いていた。　しかし、父が「結婚したら家事と育児を任せたい」
と言ったため、結婚後は家事と育児に専念している。　しかし母はと
きどき口にする。　「家事も育児も大切な仕事だが、ときどき、働い
ていたころが懐かしくなる。　来店したお客さんの希望に沿った洋服
を勧めて、買ってもらえたときは達成感を得られたし、自分で給料を
得られたことで、自由になるお金もあったから」と。

　こんな母の姿を見ているので、私は女性であっても社会で働きた
いのなら、働いたほうがよいと思う。　そういった女性の望みを実現
するには、周囲の理解と協力が必要だ。

（345字）

全体を通じた コメント ✎

　母親の生き方を日ごろからよく見ていて、そこから自分の意見を提示すること自体は悪くない。自分の意見に対する理由を打ち出しているところも評価できる。ところが、第2段落では、自分の母親が働いていたころのようすやそのときの思いしか述べておらず、個人的な作文になってしまっている。

　本問では、「日本の」というキーワードに沿って、母親の例を一般化し、日本の働く女性全般にあてはまる内容を書くべきである。

答案例への コメント ✎

➡**❶**：○　日本の女性の社会進出についての意見を打ち出したところがよかった。

➡**❷**：○　賛成理由を打ち出しているところも評価できる。

➡**❸・❹**：×　母親の例を挙げてはいけない、ということはないのだが、「日本の女性の社会進出」から外れてしまっている。

➡**❺**：×　ここでは「男性は仕事、女性は家庭という性別役割分業意識が存在する」という内容を背景として書いてはどうか。

➡**❻・❼**：×　実感のこもった内容だが、個人的な思い出話に終始している。

➡**❽**：△　ここでは社会進出する意義として「社会で働くことで自分の能力を発揮でき、経済的自立にもつながる」と書いてはどうか。

➡**❾**：×　❶から伝わってくるので不要である。

➡**❿**：△　「周囲の理解と協力」の内容を補うべきである。

神髄 7

　自分にとって身近な事例とその感想しか書かれていない答案は、あくまで「作文」であって、「小論文」ではない。合格レベルの小論文に仕上げるためには、具体的な事例を一般化・抽象化することが必要である。

合格点がもらえる答案例

●現　状

　男女雇用機会均等法の施行により、雇用上の男女差別が禁止され、結婚・出産後も仕事を続ける日本の女性は増えている。しかし依然として仕事と家庭との両立が困難であったり、「ガラスの天井」と呼ばれる見えない障害も存在したりする。

●背　景

　日本の女性の社会進出が進んだ背景として、まず女性のライフスタイルの変化がある。かつての「良妻賢母型」から「自立志向型」になった。一方、仕事と家庭の両立に悩む女性が存在するのは「男性は仕事、女性は家庭」という性別役割分業意識が依然として残っていることが考えられる。

●展　望

　政府は「男女共同参画社会」を、国連もSDGsで「ジェンダー平等」を唱えている。女性も社会で意欲と能力をいかしたいのであれば、それを尊重してほしい。したがって今後は、待機児童の解消、夫の育児休業のさらなる取得等を政府が進めるべきだ。女性も社会進出をするからには、仕事に対する自覚と責任感をもつべきだ。

(389字)

全体を通じた コ メ ン ト

　第1段落で日本の女性の社会進出の現状と問題、第2段落でこの2つの背景を分析している。第3段落では今後を展望し、さらに女性が社会進出するうえで必要なことを示して締めくくっている。いずれの段落も「日本の女性の社会進出」へと一般化して述べている。

答案例への コ メ ン ト

→❶：○　日本の女性の社会進出を男女雇用機会均等法の施行と関連づけて述べている。

→❷：○　日本の女性の社会進出上の問題点が書けている。

→❸・❹：○　背景をライフスタイルの変化の角度から書けている。

→❺：○　背景を性別役割分業意識の角度から書けている。

→❻：○　今後の展望について、政府の方針や国連がかかげるSDGsという広い視野から書けている。

→❼：◎　「性別より個人の意欲と能力の尊重を」という考えを表明していて、とてもよい。

→❽：○　政府がすべきことを挙げている。

→❾：○　日本の女性の社会進出の方策を「意識」の角度から書いている。ただ、主観的な内容だと評価される場合もある。それを避けるためには❻の「ジェンダー平等」に少し字数を割き、❾は書かないという方法もある。

神 髄 8

　今回の出題例には「日本の」とあるので、一般化することが大切。個人の体験や感想に終始する答案には高評価がつきづらい。

介護の現在

ヤングケアラーと介護離職

頻出ランク ★★★★★

これがテーマの 神髄 だ！

★介護の現状

- ●ヤングケアラー：本来大人が担うと想定されている家事や家族の世話などを日常的に行なっている子ども
- ●介護離職：介護に従事するために、それまでの仕事を辞めること
- ●日本の介護に起こっていること
  - ➡ヤングケアラーや介護離職が増加

★介護の問題点

- ●ヤングケアラーは青春真っ盛り
  - ➡「友人と遊べない」「進路変更した」
- ●介護離職者は働き盛り➡離職者の経済基盤が動揺／社会的損失

★介護問題の背後にあるもの

- ●介護は社会の縮図：核家族化が進行し介護の担い手が限定される
- ●家族と介護：「介護は家族の務め」という伝統的価値観に縛られる
- ●介護保険制度：40 〜 64歳の要介護認定は特定疾病に限られる

★介護問題の対策

- ●社会的支援を
- ●制度的枠組みの拡充を➡若い介護者へも適用範囲を拡大
- ●「こどもがこどもでいられる街に」
- ●人生100年時代の介護を見据える

テーマ［解説］

実際の出題例を見てみよう！

➡解答・解説は p.63 〜

出題例

現代の日本の介護が抱える問題を1つ取り上げて論じなさい（400字以内）。

（岐阜大／改）

★介護の現状

「ヤングケアラー」とか、「介護離職」とか最近よく聞きます。とくに「ヤングケアラー」は直訳すると「若い介護者」ですよね。私も若者の1人だから、とても関心があります。

今回のテーマの1つであるヤングケアラー。これは2019年ころから社会問題化してきたことなのだけど、厚生労働省は「本来大人が担うと想定されている家事や家族の世話などを日常的に行なっているこども」と定義づけているの。この「日常的に」がポイント。たとえば青葉さんが「ママが頭が痛いのなら、きょうは私が代わりに晩ごはんつくるね」とは、ちょっとニュアンスが異なるのよ。この例は今晩だけのことであって、日常的ではないから。厚生労働省が2020年に実施した調査によると、上述の定義に該当する人は中学2年生の5.7％、高校2年生の4.1％。世話する対象は兄弟姉妹、父母、祖父母の順。

たしかに戦前の日本には幼い弟妹を背負って学校の授業を受ける子ども、親の介護に専念するために進学をあきらめて、家事全般を取り仕切る子どもが存在したけれど、そういった状況が令和の時代にも再び起こっている、ということかもしれないわね。

厚生労働省「ヤングケアラーはこんなこどもたちです」のポスター

に挙げられている項目を次に示したので見てね。

> **ヤングケアラーはこんなこどもたちです**
> - 障がいや病気のある家族に代わり、買い物・料理・掃除・洗濯などの家事をしている。
> - 家族に代わり、幼いきょうだいの世話をしている。
> - 障がいや病気のあるきょうだいの世話や見守りをしている。
> - 目の離せない家族の見守りや声かけなどの気づかいをしている。
> - 日本語が第一言語でない家族や障がいのある家族のために通訳をしている。
> - 家計を支えるために労働をして、障がいや病気のある家族を助けている。
> - アルコール・薬物・ギャンブル問題を抱える家族に対応している。
> - がん・難病・精神疾患など慢性的な病気の家族の看病をしている。
> - 障がいや病気のある家族の身の回りの世話をしている。
> - 障がいや病気のある家族の入浴やトイレの介助をしている。

（厚生労働省ホームページ https://www.mhlw.go.jp/young-carer/ より作成）

　青葉さん、1つ聞いていい？　介護離職の定義で正しいのはA、Bのどちらでしょう。これは実際の入試で出題されたのよ。

> A：介護の仕事が大変で、介護担当者が辞めてしまうこと。
> B：介護に従事するために、それまでの仕事を辞めること。

うーん……B！

　正解！　ヤングケアラーも介護離職も言葉の意味を知らないと正確な文章が書けないので、ここで覚えておこうね。

★介護の問題点

先ほどの厚生労働省のポスターの項目を見ると、私と同世代、私より若い世代がいろいろな介護をしていて偉いなあと思います。

そうね。介護にあたることで、命の大切さや、人は老いたり病んだりするものということを実感できるわね。ただ、現実にはさまざまな問題が生じているの。次のグラフを見てね。

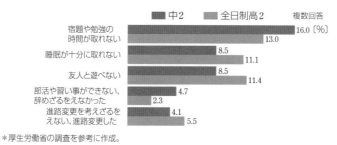

*厚生労働省の調査を参考に作成。

「ヤングケアラー」が家族の世話のためにできなくなったこと

「『ヤングケアラー』が家族の世話のためにできなくなったこと」として、「宿題や勉強の時間が取れない」「友人と遊べない」「進路変更した」などが挙げられているわ。

ヤングケアラーに該当する人たちは、青春真っ盛りの時期。学んだり遊んだり、将来を夢見たりする時期を介護に費やしているということね。そして友人と遊べなかったり、部活動や習い事を辞めたりすることによって、友人と話が合わなくなったりして孤立していくことが大きな問題ではないかしら。

介護離職にもさまざまな問題が生じているの。次のグラフを見ると、介護離職者は女性のほうが多く、年齢別では50代が約4割を占め

ることがわかるわ。いわゆる「働き盛り」と呼ばれる年代ね。管理職も多いから働き盛りの人たちの離職は社会的損失よ。それに、<u>離職すると収入が減るから経済基盤が揺らぐ</u>。介護生活が終わって<u>再就職をしようとしても、年齢が原因で思うような職につけないことも想定されるわね</u>。

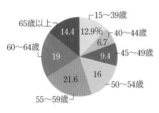

*総務省統計局「就業構造基本調査」を参考に作成。%は2011年10月から2012年の9月まで。

介護離職の年齢別内訳（2012年）

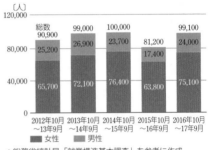

*総務省統計局「就業構造基本調査」を参考に作成。

介護・看護を理由に離職・転職した人数

高齢者が高齢者を介護する「老老介護」はよく聞くけど、いまでは若い世代や働き盛りの人たちもいろいろな問題を抱えつつ、介護に従事しているのですね……

★介護問題の背後にあるもの

次にヤングケアラー、介護離職の背景を考えましょう。

第一にヤングケアラー、介護離職の両方に共通するのは家族と介護の関係。具体的には「介護は家族の務め」「自分を育ててくれた親に介護が必要になったら、子どもが介護するもの」という伝統的な価値観があるわ。それから現代は核家族化が進行して、家族の構成員が減っているから、親の介護を子どもや働き盛りが担うという現実が存在するわけね。そのうえ、親が共働きだと、祖父母の介護や弟妹の世

話を、中学生・高校生の若者が担わざるをえないという状況もあるわ。介護は現代社会の縮図ね。

第二に介護保険制度の問題点。介護保険制度は「介護を必要とする人を社会全体で支援すること」を目的に2000年に制度化されたことは青葉さんも知っているとおり。

ちょっと細かくなるけど続けて聞いてね。介護保険制度のサービスを受けられる人は以下の2種類。

- 第1号被保険者…65歳以上
- 第2号被保険者…40〜64歳

第1号被保険者が要介護と認定されれば、制度に沿った介護サービスが受けられるの。ところが第2号被保険者が介護サービスを受けられる要件は、がんの末期などの特定疾病による要介護認定に限られるのよ。

えっ！ ヤングケアラーがお世話しているのは、第2号被保険者の年齢の人が多いのではないですか？ 友人から孤立するだけでなく、公的支援が受けられない場合もあるなんて……なんとかしてください！

★介護問題の対策

そうね。一刻も早くなんとかするべきね。少なくとも次の2つの方向から、対策を講じるべきではないかしら。

❶ 社会的支援を

ヤングケアラーの中には「悩みや不安をだれに打ち明ければよいかわからない」「介護もするけど進路も変更したくない」と思う人もいるでしょう。これは周囲が、とくに周囲の大人や社会が支援するべき

です。

　自治体の中には「ヤングケアラー相談・支援窓口」を開設している
ところもあるようだけれど、こういうところをもっと増やして、学校
や家庭と連携して若い介護者を支援していく必要があるわね。

　ヤングケアラーだけでなく、介護離職者同士がSNSで悩みを打ち
明け合い、居場所をつくることも大切ね。同じ立場の人たちが交流で
きる場を設けるなどの支援が必要よ。

❷　制度的枠組みの拡充を

　法律では、介護離職を防ぐため介護休業が認められていて、企業な
どの従業員には家族1人の介護につき93日までの休業が認められてい
るの。ところがあまり利用されていないみたいなの。介護休業を利用
しなかった理由としては「制度自体を知らない」「どう利用すればよ
いかわからない」「利用しづらい雰囲気がある」がおもなものね。大
人でさえこうなのだから、ヤングケアラーが社会的支援を求めるのは
もっとハードルが高いでしょうね。ヤングケアラーは学生が多いので
介護休業というわけにはいかないでしょうから、介護保険制度の適用
範囲を広げて、若い介護者を支援していくべきだわ。子どもが子ども
らしくいられるように。

　「人生100年時代」を迎えて、介護を必要とする人は今後ますます
増えることが予想されるわね。「家族の介護は自分でしたい」という
人には、介護をしながら仕事や学業を継続できるしくみづくりが求め
られるのではないかしら。

＊次から「構想メモ」「解答例」と続きます。今回は「ヤングケアラー」についてのみつくりましたが、
　みなさんはこれまでの解説を参考に「介護離職」についてもつくってみてください。

出題例の[解答・解説]

出題例 再録

　現代の日本の介護が抱える問題を1つ取り上げて論じなさい（400字以内）。

*テーマ1 「人口減少社会」で学んだ構想メモを思い出しながら書いてみよう！　復習と書き方の定着につながる。

 構想メモを書いてみよう！

●現　状：ヤングケアラーの定義・現状・問題点を示す

- ヤングケアラーとは、本来大人が担うと想定されている家事や家族の世話などを日常的に行なっている子どものこと
- 中学2年生の5.7%、高校2年生の4.1%に上る
- 「ほかに同じ境遇の人がいないので、悩みを打ち明ける相手がいない」「進路を変更せざるをえない」などの悩みを抱えている

●背　景：ヤングケアラーが生じる背後に何があるのかを考える

- 介護は子ども（家族）の務めという伝統的な考え
- 核家族化・共働き世帯の増加
- 介護保険制度の不備

●対　策：ヤングケアラーという問題の対策を講じる

- 孤立を防ぎ、悩みに寄り添う相手や居場所をつくる
- 介護保険制度にヤングケアラーをサポートするサービスを盛り込む。子どもや若者が子どもらしく若者らしく過ごせるように

　数ある介護問題の中から1つを取り上げたときは、第1段階で「〜について論じたい」と記しておこう。

合格点まであと一歩の答案例

現代の介護はさまざまな問題を抱えている。たとえばヤングケアラーや介護離職だ。ヤングケアラーとは本来大人が担うと想定されている家事や家族の世話を日常的に行なう子どもや若者のことだ。介護離職とは介護に従事するために仕事を辞めることだ。

こういう介護問題の背景には何があるのか。まず日本の伝統的な価値観だ。「介護は家族が行なうもの」「親の介護は子の務め」という考えに縛られてしまうのだ。次に社会的な支援不足だ。介護保険制度はヤングケアラーが適用外だ。また介護休業が取りづらい職場もある。

ヤングケアラーが家族の介護に打ち込むあまり、睡眠不足になったり進路変更したりすることは避けるべきだ。もっと大人がしっかりしてほしい。ヤングケアラーの実態を知り、介護休業などの形で適切なサポートをしてほしい。

(342字)

全体を通じた コ メ ン ト

　まず、問題文をよく読もう。「出題例」を読むと明らかなように、今回は「1つ取り上げて」とあるにもかかわらず、ヤングケアラーと介護離職の2つを取り上げてしまっている。入試ではこの時点で減点されてしまうので、要注意である。

答案例への コ メ ン ト

➡**①**：○　書き出しとしてはこれでよい。

➡**②**：✕　「1つ取り上げて」と要求されているのだが、ヤングケアラーと介護離職の2つを挙げるというミスをしている。「たとえばヤングケアラーだ」「私はヤングケアラーについて論じたい」という形で、何を述べるのかを表明しておこう。

➡**③・④**：✕　定義の内容は間違っていないが、ヤングケアラーと介護離職の両方の定義を書いてしまっている。ヤングケアラーに絞るのなら④を削除し、その分ヤングケアラーの実態や抱える問題点について書こう。

➡**⑤**：○　背景の考察を始めたところはとてもよかった。

➡**⑥・⑦・⑧・⑨**：○　背景を日本の伝統的な価値観と社会的支援不足の2方向から分析している。

➡**⑩**：✕　介護休業について述べている。これは介護離職にかかわるものである。ヤングケアラーに絞るのなら⑩は削除しよう。

➡**⑪**：○　ヤングケアラーへの意見を明確に打ち出している。

➡**⑫**：✕　少々感情的だ。今回は削除しよう。

➡**⑬**：✕　対策が欠けている。⑫を削除した分もう少しくわしく書く。

神髄 9

　問題点の指摘と対策の提案のあいだに、その問題が起きている社会的・歴史的背景に関する記述があると、答案の説得力が増す。

合格点がもらえる答案例

◉現　状

①現在の介護はさまざまな問題を抱えている。②私はその中でも「ヤングケアラー」について論じたい。③ヤングケアラーとは、本来大人が担うと想定されている家事や家族の世話などを日常的に行なっている子どものことだ。④「勉強時間が取れない」「進学を断念する」などの悩みを抱えている。

◉背　景

⑤若者が介護や家族の世話に従事するようになった背景として、第一に現代の家族形態が考えられる。⑥親が共働きの場合、祖父母や弟妹の世話や介護をせざるをえなくなる。⑦第二に社会の支援不足だ。⑧介護保険制度はヤングケアラーを助けられないことが多い。

◉対　策

⑨私はヤングケアラーが悩みを抱え、孤立していくことがあってはならないと考える。⑩たとえば自治体などが、学校や家庭と連携して支援をしていくべきだ。⑪それが実現するように、介護保険制度も改善し、子どもが子どもらしく、若者が若者らしく過ごせる社会にするべきだ。

(371字)

全体を通じた コ メ ン ト ✎

　内容をヤングケアラーに絞って、現状、背景、対策を述べていったところが評価できる。「現状」の中に定義や問題点も簡潔に盛り込み、工夫が見られる。

答案例への コ メ ン ト ✎

➡**❶**：○　全体を概観して書き始めたところがうまい。

➡**❷**：○　「『ヤングケアラー』について論じる」ことを明確にしている。

➡**❸**：△　「ヤングケアラーとは大人が担うべき介護などを日常的に行なう若者をさす。」と簡潔にしてもよい。

➡**❹**：◎　どこが問題なのかを明確に打ち出していて、とてもよい。

➡**❺**：○　1つ目の背景を家族形態の角度からうまくまとめている。

➡**❻**：○　❺をうまく発展させている。

➡**❼**：○　2つ目の背景を社会の支援不足の角度から書いている。

➡**❽**：○　❼を詳細に説明している。

➡**❾**：○　対策の前に自分の考えを加えたところがよかった。

➡**❿・⓫**：○　ヤングケアラー対策を❺・❻、❼・❽に対応する形で提案できている。

┤神┤髄┤10

　問題文をよく読み、それに沿って書くことは、今回に限らず小論文作成の基本である。問題を1つに絞り込んだら、「〜について論じたい」という文型で示しておくとわかりやすい内容に仕上がる。これを「論点の設定」という。

インターネット・スマートフォン・SNS

コロナ禍が変えたコミュニケーション

頻出ランク ★★★★★

これがテーマの 神髄 だ！

★コロナ禍が変えたコミュニケーションの現状

- 非接触型コミュニケーション
  ：置き配・モバイル予約・キャッシュレス化
- オンライン化
  ：オンライン授業・オンライン診療・オンラインツアー・オンライン会議・オンライン帰省・オンライン墓参り・テレワーク
- VR学習：VR端末を装着して好きな場所で授業を受けられる
- メタバースとアバターを活用

★コロナ禍が変えたコミュニケーションのメリットとデメリット

- メリット：感染防止になる／移動や人間関係などの煩わしさから解放される
- デメリット：対面型コミュニケーションが苦手になる／相手の本音が読み取れない／引きこもり、心の病、自殺者の増加

★コロナ禍が変えたコミュニケーションの今後

- ウィズコロナには不可欠
  ➡インターネット・スマートフォン・SNSなど
- 人手不足の解消に役立つ
- VR学習は文部科学省のお墨付き
- アバター攻撃は名誉棄損（めいよきそん）になる
- 非接触型・対面型両方の能力が必要

テーマ ［解説］

実際の出題例を見てみよう！

➡解答・解説は p.75 〜

出題例

コロナ禍により、コミュニケーションの形が変化した。その例を1つ取り上げて、メリット・デメリットとあなたの考えを述べなさい（400字以内）。

（帝京大／改）

コロナに始まりコロナで終わる高校生活だった人もいますね。2020年、緊急事態宣言が発出されている中でのオンライン入学式、オンライン授業。教科書も「置き配」で届いたし、分散登校の予定表もSNSで一斉配信されたし……コロナ前と現在とでは、コミュニケーションの形がまったく変わってしまい、とまどいも便利さも実感したそうです。

本当ね。新型コロナウイルス感染症はおもに「飛沫」と「接触」で感染するから、2021年2月にワクチン接種が始まるまでは、感染しないように、ソーシャル・ディスタンス（フィジカル・ディスタンス）の確保が至上命令だったわね。

コロナ禍で存在感をさらに高めたのが、今回のテーマであるインターネット・スマートフォン・SNS（ソーシャル・ネットワーキング・サービス）。今回は、それらが私たちの距離感や人間関係、コミュニケーションに及ぼしたメリット・デメリットや今後のコミュニケーションのあり方などを考えてみましょう。

★コロナ禍が変えたコミュニケーションの現状

　1つ目は、非接触型コミュニケーション。たとえば「置き配」。これはネット注文した品物を、配達員が顧客へ手渡しするのではなく玄関前などに置いて配達を完了するシステムのこと。ほかには、注文するファストフードを「モバイル予約」「キャッシュレス決済」をしてから来店するパターン。これも、すっかり定着したわね。

　2つ目はオンライン化。青葉さんも経験した「オンライン授業」や「オンライン診療」「オンラインツアー」、それからZoomなどのシステムを使った「オンライン会議」や在宅で勤務できる「テレワーク」など。テレビ電話を使って故郷の祖父母と対面をする「オンライン帰省」、寺院がご先祖様のお墓をオンラインで配信し、賽銭もスマートフォンで決済できる「オンライン墓参り」などまで登場したわね。

　3つ目はVR（Virtual Reality：仮想現実）学習。これは文部科学省も「学びの形式の多様性への模索（文部科学省ホームページより）」と位置づけているの。「メタバース（インターネット上の仮想空間）」を教室に見立て、生徒は「アバター（デジタル上の分身）」となり、実際の生徒は好きな場所で、VR端末を装着して授業を受けるわけね。

メタバースの教室に、アバターの生徒……それが実現したら、生徒なら1度は考えたことがある「自分の分身に登校してもらって、自分は家で寝ていたいなあ」という夢がついにかなう日が来ることになるんじゃないですか！（笑）

　たしかにそうね。ただし家で寝ているのはどうかな（笑）。じゃ、次に、いま挙げてきたもののメリットとデメリットについて考えてみましょう。

★コロナ禍が変えたコミュニケーションのメリットとデメリット

●メリット①：感染防止になる

　さっきも述べたけど、新型コロナウイルス感染症は、おもに飛沫と接触によって感染するので、密閉・密集・密接のいわゆる「3密」を避けることが感染防止の鉄則。「ロックダウン（都市封鎖）」や「STAY HOME」の中でも、社会生活を営まなければならないから、非接触型コミュニケーションは何億人もの人類を新型コロナから救ったでしょうね。

●メリット②：移動や人間関係などの煩わしさから解放される

　右のグラフを見てね。文部科学省「現役大学生の調査」より「オンライン授業の良かった点」よ。

　自分の好きな場所で自分のペースで勉強できるというメリットを感じた大学生は多かったみたい。社会人もテレワークなら、苦手な上司や先輩と顔を突き合わせずにすむから、ストレス軽減につながるわね。

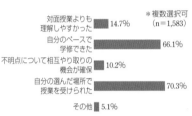

オンライン授業の良かった点

●デメリット

　次はデメリット。「オンライン授業の悪かった点」のグラフを見てね。

　「友人などと一緒に授業を受けられず、寂しい」「質問等、相互のやり取りの機会がない・少ない」などが上位になり、やはりネットを介したコミュニケー

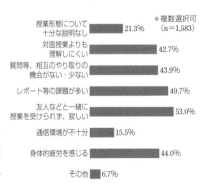

オンライン授業の悪かった点

ションでは、直接の触れ合いがないことを問題視しているわね。こういった時期が長期間続くと、やがて、<u>対面でのコミュニケーションが苦手になったり</u>することも予想できるわね。

　また、人は直接触れ合う中で、相手の表情や口調、細やかなしぐさ、ようす、雰囲気などから本音を読み取って、対応していくもの。画面を通じたコミュニケーションでは、本音を読み取れないことがあるわね。それがやがて対人恐怖や引きこもり、心の病、自殺などにつながったら怖いわね。下のグラフを見てね。2020年の自殺者数は11年ぶりに増加したわ。これはコロナ禍の影響が強いと考えられているの。

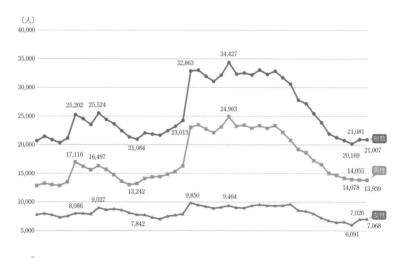

自殺者数の年次推移

＊厚生労働省ホームページを参考に作成。

★コロナ禍が変えたコミュニケーションの今後

コロナ禍はまだ続きそうだし、インターネットやスマートフォン、SNSがない時代なんてもう想像がつきません。今後このようなデジタルメディアをどのように活用しつつ、コミュニケーションを取っていけばいいのか考えないと。

そうね。青葉さんも言っているように、インターネット・スマートフォン・SNSなどは「ウィズコロナ（新型コロナウイルスとの共生）」には不可欠。非接触型のシステムは、これから社会のあらゆる場面でますます使われていくでしょうね。

また日本は今後、少子高齢化、人口減少、なかでも生産年齢人口の減少が進むので、非接触型システムは、人手不足の解消にもおおいに役立つわね。たとえばファストフード店での注文や、ホテルのオンラインチェックイン、塾や予備校のオンライン授業など。オンライン学習やVR学習は「学びの多様化の推進」の手段として、文部科学省もお墨付きを与えているしね。

ただ、デジタルメディアを介したコミュニケーションには、対面でのコミュニケーションとはちがった注意が必要ね。たとえばインターネットの掲示板やSNSによる誤った情報や誹謗中傷の拡散。これらは匿名で書き込むことができるので、どうしても無責任な情報を発信してしまいがち。さらに、その場のノリや煽りによって「炎上」し、結果的に思わぬ名誉棄損や差別を引き起こすことにもなりかねないわ。これはコロナ禍だろうとなかろうと、関係ないことだけどね。

青葉さん知ってる？　メタバース上のアバターへの誹謗中傷も名誉棄損にあたるのよ。

えっ！ そうなんですか？ それじゃ、アバターに登校させておいても、おちおち家で寝ていられないじゃないですか！

　そうなのよ。2022年8月、大阪地方裁判所で、「実名や顔を明かさないデジタル上の分身『アバター』への誹謗中傷は、アバターを使う本人への名誉毀損にあたる」との判決が出たの。

　これからはインターネット・スマートフォン・SNSを、メリット・デメリットを十分理解したうえで使いこなすことはもちろんだけど、モラルをもって使うことの大切さを、もう一度認識しておきたいわね。

　最後に、非接触型コミュニケーションのスキルを身につけると同時に、従来の対面型コミュニケーションの能力も磨き続けてほしいわね。相手の目を見て会話を交わし、しぐさや表情からその人の本音を理解して対応していく。それは人間にしかできないことだしね。いまは亡きコメディアンの十八番に、熱湯風呂の浴槽の縁から「押すなよ、押すなよ」とほかのメンバーに言う芸があるわよね。そう言われたコンピュータは永遠に「押さない」わ。でも、それはその芸人の意図じゃないわよね。

　みなさんには、適切なコミュニケーションを介して相手の本心を理解し、豊かな人間関係を築いていってほしいと心から思うわ。コロナ禍は、そのことについて考えるきっかけを与えてくれたようにも思うのよ。

出題例の[解答・解説]

出題例 再録

　コロナ禍により、コミュニケーションの形が変化した。その例を1つ取り上げて、メリット・デメリットとあなたの考えを述べなさい（400字以内）。

 構想メモを書いてみよう！

現　状	：コロナ禍により、コミュニケーションの形が変化した例を挙げる

- オンライン授業により、先生や友人とのコミュニケーションもデジタルメディアを介した時期がしばらく続いた

メリット	：オンライン学習のメリットを紹介

- 感染予防に役立った
- 登下校に時間をかけずにすむので、時間に余裕ができた

デメリット	：オンライン学習のデメリットを紹介

- 登校再開後の対面によるコミュニケーションにとまどう
- 必要な意思の疎通ができず、不登校になるケースもある

自分の意見	：デジタルメディアを介したコミュニケーションへの考えを述べる

- ウィズコロナの時代にデジタルメディアを介したコミュニケーションは不可欠だ
- 非接触型と対面型のコミュニケーションのスキルをもつべきだ

　第1段落でコロナ禍でのコミュニケーションの変化を説明し、第2段落でそのメリットとデメリットを紹介する。第3段落で自分の考えを述べて締めくくる。

合格点まであと一歩の答案例

①私はオンライン学習を挙げたい。②私の学校では2020年4月の入学式から6月までほぼオンライン学習で、対面の授業は7月からであった。

③オンライン学習のメリットはなんといっても感染防止になることだ。④学校は多くの生徒が集まり、また生徒は若いので活動的で、生徒同士の接触も多いし、飛沫が飛ぶことも多い。⑤しかしオンラインならばそのようなこともない。⑥一方デメリットは対面でのコミュニケーションの機会が減ってしまうことだ。⑦私も入学早々オンライン学習になってしまったので、クラスメートの名前と顔が秋になっても一致せず困った。

⑧私は感染防止のために、コミュニケーションの形が変化するのは、仕方がないと考える。⑨しかしオンライン学習にはデメリットも多い。⑩したがってこれからは、デジタルメディアを介したコミュニケーションと、直接的なコミュニケーションとのバランス能力を養っていくべきである。

(378字)

全体を通じた コメント

　第1段落でオンライン学習を取り上げた点はよかった。ただ、自分の体験談が少々長い。自らの体験をもとに、もう少し一般化できると小論文らしさが増す。次いで第2段落では、オンライン学習のメリットとデメリットを述べた点は評価できる。最後に第3段落でデジタルメディアを介したコミュニケーションへの意見を述べ、これからのあり方を提案したところもよい。

答案例への コメント

➡❶：○　オンライン学習を取り上げたいと示した点はよい。

➡❷：△　自らのオンライン学習の体験談になってしまっている。

➡❸：○　オンライン学習のメリットとして、感染防止になることを挙げたところは大変よかった。

➡❹・❺：○　オンライン学習のメリットを掘り下げている。

➡❻：○　デメリットとして対面でのコミュニケーションの機会が減ってしまうことを指摘した点もうまい。

➡❼：△　ここも体験談をもとに一般化できるとよかった。

➡❽：○　問題文の要求に沿って、コミュニケーションの変化について考えを述べたところは評価できる。

➡❾：△　この内容は❻から伝わってくるので書かなくてもよい。

➡❿：○　ウィズコロナの時代のコミュニケーションのあり方について、結論づけている。

神髄 11

　体験談を書くと文章に個性が出て、実感が増すことにもつながるが、作文っぽくなってしまう可能性もある。体験談を一般化することを考えてみよう。

合格点がもらえる答案例

●現　状

コロナ禍により、コミュニケーションの形が変化した例として、私はオンライン授業を挙げたい。わが校をはじめ日本中の多くの学校が対面授業からオンライン授業へと切り替わった。学校側が配信する映像をパソコンやスマートフォンで視聴し、質問などはSNSで送信した。

●メリットとデメリット

オンライン授業のメリットは、何よりも感染防止につながることだ。学校は集団生活なので3密による接触感染や飛沫感染も起こりやすい。オンラインならそれらが避けられる。一方デメリットは、対面でのコミュニケーションが減ることだ。通常登校に戻ってからも切り替えがうまくいかず、不登校や心の病に陥る例も見られる。

●自分の意見

私は今後、デジタルメディアを介したコミュニケーションに変化していくことは避けられないと考える。しかし人には対面によるコミュニケーションも必要だ。両者のバランスが問われるのではないだろうか。

(368字)

全体を通じた コメント

　第1段落で、コロナ禍がもたらしたコミュニケーションの変化を、デジタルメディアの学校への浸透の角度から一般的に表現することができている。第2段落でオンライン授業のメリットとして、感染防止効果を指摘している。一方、デメリットとしては、直接的なコミュニケーションの機会が減ることがもたらす、精神的な影響を取り上げている。第3段落では、今後における非接触型コミュニケーションと対面型コミュニケーションとのバランスの重要性を述べて締めくくっている。

答案例への コメント

➡❶：○　コロナ禍によりコミュニケーションの形が変化した例として、オンライン授業を挙げている。

➡❷：◎　自分が通う学校の例ばかりでなく、日本中の学校へと一般化できたところがとてもよかった。

➡❸：○　オンライン授業について説明している。

➡❹・❺・❻：○　オンライン授業の最大のメリットである、感染防止を取り上げている。

➡❼・❽：○　デメリットとして対面でのコミュニケーションの減少を指摘し、それがもたらす弊害を説明している。

➡❾：○　今後のコミュニケーションの変化を述べている。

➡❿・⓫：○　今後は、対面によるものと、非接触型によるもののバランスが大切だと主張して締めくくっている。

神髄 12

　現状は一般化し、あなたの考えを述べるときは、今後のあり方を提案すると説得力が増す。

テーマ 7

人工知能（AI）

シンギュラリティは来るのか？

頻出ランク ★ ★ ★ ★ ★

これがテーマの 神髄 だ！

★結局、AI って何？

- 人工知能（AI）の定義：人間が行なう知的活動をコンピュータプログラムとして実行すること
- AI の能力：計算・通信・記憶の機能に加えて、言語理解の機能も
- ビッグデータ：膨大で複雑なデータ
- ディープラーニング（深層学習）：コンピュータ自身が大量のデータから特徴を自動的に発見・分析する

★シンギュラリティは2045年？

- シンギュラリティ
  ：AI の知能が人間の知能を上回る時点（技術的特異点）
- 活躍する AI：掃除も話し相手も手術の支援も
- AI に奪われる可能性が高い人間の仕事
  ：キーワードは「ルールどおり」
- AI に奪われる可能性が低い人間の仕事
  ：キーワードは「創造力・想像力」「コミュニケーション能力」「観察力」「きめ細かさ」「感性」「やさしさ」「ぬくもり」

★第4次産業革命

- 第 4 次産業革命：ビッグデータ／ AI ／ロボット／インターネットを軸にした産業構造の劇的変化
- AI の可能性：AI は人口減少と少子高齢化の救世主
- AI との共生や協働が必要

テーマ［解説］

実際の出題例を見てみよう！

➡解答・解説は p.87 〜

出題例

　人工知能（AI）に取って代わることができない人間の仕事を1つ挙げ、その根拠を述べなさい（300 〜 400 字程度）。

(大阪公立大)

★結局、AI って何？

　今回出題例として取り上げた「AIに取って代わることができない人間の仕事は何か」は、受験小論文頻出テーマの1つなので、いつにも増して気合いを入れて学んでいこうね。

　ところで、青葉さん、「AIって何？」と問われたら、どう答える？

> AI、毎日お世話になってますよ。スマホの音声認識アシスタントに、「気分を高める音楽かけて」と話しかけています。家にはお掃除ロボットもあって、とっても便利です。
> でも、あらためて「何？」って言われても……うーん……

　この テーマ7 を書くにあたって、大学院でAIを専攻した人、パソコンメーカーに勤めている人などに「そもそもAIって何ですか？」と尋ねてみたのだけれど、返ってきた答えがすべてちがったの。AIって、それだけ未知の領域で、だからまだ定義がはっきり決まっていないのかもしれないわね。今回は文部科学省のホームページに載っている定義をもとに話を進めていくわね。

　AIは「Artificial Intelligence」の略称で、「人工知能」と和訳されているのは知ってのとおりね。定義は「人間が行なう知的活動をコン

ピュータプログラムとして実行すること」。「人間が行なう知的活動」の最大の特徴は、以前の経験を土台にして新しいことを習得するという「学習」の能力。もともと機械にはその能力がなかったのだけれど、コンピュータの性能が大きく向上したことにより、コンピュータも「学習」できるようになったの。

コンピュータの基本機能には、以下のようなものがあるわ。近年のコンピュータは、❶～❸のレベルが格段にすぐれているの。

❶ 計算機能／❷ 通信機能／❸ 記憶機能

これらの機能をコンピュータに行なわせるためには、人間が作成したプログラム（命令書）が必要。ところが、AIは人間に頼らずに、自身が膨大で複雑なデータ（ビッグデータ）を取り込んで自律的に知識を獲得＝学習していくの。その過程がディープラーニング（深層学習）。「ディープラーニング」とは、コンピュータ自身が大量のデータから特徴を自動的に発見・分析すること。ディープラーニングの結果、AIは以下のような機能を身につけていくわ。

❹ 言語理解機能／❺ 解析機能／❻ 問題解決機能
❼ 予測機能／❽ 判断機能

AIの技術自体は1950年代から研究されていたけれど、私たち一般人がAIの存在を認識するようになったのは比較的近年ね。人間に似た生物や人型ロボットを「ヒューマノイド」というのだけれど、感情を認識できるヒューマノイドロボットの「Pepper（ペッパー）」が人間とコミュニケーションを図れたり、コンピュータ囲碁プログラムである「AlphaGo（アルファ碁）」が人間のプロ棋士を破ったというニュースが流れたりして、AIが身近に感じられるようになったわね。ほかにも、「AIは東大に合格できるか」「亡くなった女性歌手をAIで

復活させたらどのような姿と歌声になるか」など、AIによるさまざまな分野への挑戦がたびたび話題になっているわ。また、有名な映画の中に、自我をもったAIが反乱を起こす場面があるのだけれど、そのように、AIが人間に反逆するという事態も、理論的にはけっしてありえない話ではないわ。

「出題例」にある「取って代わる」って、「入れ替わる」「ある人が行なっていた仕事を交代する」、もっと言うと「奪って自分が行なう」みたいな意味ですよね。「AIが人間の仕事を奪う」って、ちょっと怖いですね……

★シンギュラリティは2045年？

AIの知能が人間の知能を上回る時点（技術的特異点）を「シンギュラリティ」といって、このままAIの機能が進み続けると2045年あたりにやって来る、と予測されているの。レイ・カーツワイルという哲学者が予言しているのよ。

青葉さんの生活にもすっかりAIが入り込んできているように、AIはすでに私たちの生活のさまざまな分野に浸透しているわね。さっき挙げた「Pepper」と「AlphaGo」以外だと、以下のようなAIが有名かしら。

- **Siri**（シリ：音声認識ソフトウェア）、**Amazon Alexa**（アマゾン・アレクサ：音声認識スピーカー）、**ChatGPT**（チャットGPT：生成AI）など
  ➡言語理解機能・解析機能・予測機能・判断機能を駆使
- ダ・ヴィンチ（手術支援ロボット）：たとえば、「この患部をあと何mmくらい切除すれば患者への負担が少ないか」などをナビゲート
  ➡解析機能・予測機能・判断機能を駆使

　「ダ・ヴィンチ」は、医療ドラマの手術場面でよく見かけますよね。AIが人間を上回る日は近いかなあって思います。いや、もう来ていたりして。

　シンギュラリティが来る以前に、現時点ですでにAIが人間の能力をはるかに上回っている仕事は、以下のとおり。

- 合理的な仕事：<u>ルールどおりに作業すればよい仕事</u>
- 迅速さを要求される仕事
- 膨大なデータの記憶を要求される仕事

　たとえば、現時点でも銀行の窓口担当者はATMに、レジ担当者は自動レジに取って代わられているわね。これからは、警備員や配送員がドローンに、運転手が自動運転車に置き換わる可能性があるわ。

　反対に言うと、非合理的な仕事、または、<u>先述した❶〜❽以外を必要とする仕事</u>は、AIには取って代わられにくいのよ。たとえば、以下のような仕事が考えられるわ。

- 創造力・想像力を必要とする仕事
- コミュニケーション能力を必要とする仕事
- 観察力を必要とする仕事
- 個別にきめ細かな対応を必要とする仕事
- 相手の感性に訴える仕事
- 人間ならではのやさしさやぬくもりを必要とする仕事

　AIに取って代わられない仕事をこのような角度から考えると、次のページのような例が挙げられるの。

- 獣医師：言葉を話せない動物を観察し、治療する。
- 保育士、幼稚園教諭、小学校低学年担当の教諭：自己主張やコミュニケーション能力が未発達の子どもを相手にする。また、母親のようなやさしさ、ぬくもり、きめ細かな対応なども求められる。
- スクールカウンセラー：生徒の心の悩みに寄り添い、豊かな学校生活を送れるよう支援する。生徒の背景にある家庭環境や将来像にも思いをめぐらせる必要がある。
- 映画監督、放送ディレクター：頭に思い描くイメージを作品としてゼロから完成させる。制作途中で発生する不測の事態にも的確に対応しなければならない。
- 編集者：読者のニーズを予測・観察して作品を完成させ、世論という目に見えないものの形成にも寄与する。
- デザイナー：自らのイメージや主張をデジタルやアナログで表現する。発注先がある場合、その注文内容を的確に理解しなければならない。
- 美容師：客からの注文を聞いて外見を美しくする。「美」「好み」という主観的なものを追求する。客の髪質や骨格などを総合的に判断する能力も求められる。
- 俳優：ほかの人物を、自らの肉体を通じて表現する。演じる役柄への想像力を必要とする。
- 看護師：医師による診察を補助し、患者の療養を世話するのが看護師の役割（看護師法による）。たとえば、患者が発した「だいじょうぶ」の意味するところを正しく把握する必要がある。また、患者の表情、しぐさ、雰囲気などから、患者による言葉にならない要求や訴えに応じる必要があるため、言葉を介さず、相手の表情や動作などから意図を読み取る非言語コミュニケーションの能力や観察力も求められる。さらに、豊富な経験や直感の鋭さも必要。
- 看護師以外の医療従事者（医師、理学療法士、作業療法士など）：患者の回復支援、不安や悩みへの個別ケアが重視される。検査データには表れない患者の病状などを観察する能力も求められる。チーム医療においては、その場の状況を察知・把握して行動する能力も求められる。

取って代わられない職業とその特徴を見ると、やっぱり人間の能力って偉大だな、シンギュラリティは来ないんじゃないかっていう気もしてきます。その一方で、AIの価値と必要性は、これからの私たちにとって不可欠だし……

★第4次産業革命

そうね。これからは、AIの可能性を私たちがよりいっそう強く認識して、AIとの共生や協働が求められてくるわね。

蒸気機関の発明から始まった18世紀の第1次産業革命、大量生産を可能にした20世紀の第2次産業革命、コンピュータを中心とした1970年代の第3次産業革命に次いで、ビッグデータ、AI、ロボット、インターネットなどを軸にした産業構造の劇的変化は「第4次産業革命」とも呼ばれているわ。日本ではこれから、人口減少と少子高齢化にともなう過疎（か そ）（➡テーマ11）と人手不足が深刻化するの。AIは、これらの問題解決の救世主としておおいに期待されるわね。

その一方で、AIに仕事を取って代わられない、つまり奪われないようにするためには、AIにはできない人間らしさを人間自身が追求していくことが求められるわ。たとえば、創造力やコミュニケーション能力、感性や想像力などを磨くこと、やさしさやぬくもりを忘れないようにして、仕事に人間にしかできない付加価値を与えていくことが大切なのではないかしら。さらには、イノベーション（技術革新）が進んでいく過程で犯罪や軍事に転用されることを防ぐため、国際レベルのAI使用ルールをつくることも必要。

ドローンに配送の仕事を奪われ、やけ酒をあおりになじみの居酒屋に行くと、AI搭載の配膳（はいぜん）ロボットが「いつもより2杯も多く飲んでるよ。もう帰りなよ」となぐさめてくれる。自動運転のタクシーで帰宅するため、スマホの音声認識機能に行き先を告げる……このような日常は遠い未来の話ではないかもしれないわ。

出題例の[解答・解説]

出題例 再録

　人工知能（AI）に取って代わることができない人間の仕事を1つ挙げ、その根拠を述べなさい（300〜400字程度）。

構想メモを書いてみよう!

●例　示：人工知能（AI）に取って代わられない仕事の例を1つ挙げる

➡人間による仕事の例と仕事内容を説明する

● 看護師の仕事：医師による診察の補助と、患者の療養の世話

●根　拠：AIに取って代わられないと考える根拠を述べる

➡AIには実行不可能な、人間の看護師による仕事の特徴を述べる

● コミュニケーション能力を必要とする。たとえば、患者が発した「だいじょうぶです」の意味するところを正しく把握する

● 患者の言葉にならない要求や訴えを、患者の表情、しぐさ、雰囲気などから正確に読み取って、適切に応答する必要がある

●努力目標：仕事がAIに取って代わられないための目標を示す

● 言葉を介さずに行なわれる非言語コミュニケーションの能力や、観察力を身につける

● 豊富な経験や直感の鋭さも必要

　第1段落でAIに取って代わられない仕事の例と仕事内容を挙げ（＝例示し）、第2段落でその根拠を説明する。第3段落では努力目標を示す。

近年、病院にも医療費支払い専用ATMや手術支援ロボットなど、AIを搭載した機器が導入されてきているが、AIに取って代わられない仕事として、私は看護師を挙げたい。看護師法で定められた看護師の仕事は、医師の診察の補助と、患者の療養の世話である。

　なぜ看護師の仕事がAIに取って代わられないのか。その根拠として、私は、医療が日進月歩していることを挙げたい。日々進歩している医療に遅れをとらないためには、AIに負けないよう学び続けることが大切である。

　AIに看護師の仕事を奪われることを防ぐためには、看護師は、医療に関する知識と技術を学び続けることを忘れてはならない。そればかりでなく、看護師には、患者に対するやさしさやぬくもりが不可欠である。それらをもち続けることが、AIに看護師の仕事を奪われることを回避するための最大のコツであると、私は考える。

（369字）

| 全体を通じた | コ | メ | ン | ト |

　AIに取って代わられない仕事として「看護師」を挙げた点はよかった。しかし、その根拠が「医療の日進月歩」という、AIとは関係がない一般論を述べてしまっていることが残念だ。もう一度「テーマ解説」をしっかり読み、AIには不可能な、人間の医療従事者だからこそできることを取り上げよう。たとえば、看護師には、患者の言葉にならない要求や訴えを、患者の表情、しぐさ、雰囲気などから正確に読み取って、適切に応答することが求められる。そのために必要なのは、言葉を介さずに行なう非言語コミュニケーションの能力や観察力である。これらを挙げよう。

| 答案例への | コ | メ | ン | ト |

- ➡❶：○　AIに取って代わられない仕事として看護師を挙げた点は評価できる。
- ➡❷：△　内容は正確だが、問題文の要求とは一致していない。
- ➡❸：○　この疑問の内容自体は悪くない。
- ➡❹：✕　AIとは無関係な一般論を根拠として挙げている。
- ➡❺・❻：✕　「AIに負けないようコミュニケーションを学び続けることが大切である」という内容で書けば、問題文の要求に合う。
- ➡❼：○　患者に対しては、AIにはない人間的なやさしさやぬくもりが不可欠であることを取り上げた点はよかった。
- ➡❽：△　「AIに看護師の仕事を奪われることを」という表現が、❻と重複している。

神髄 13

　今回のように、書くべき答え・求められる内容がある程度決まっているテーマの場合には、受験までに類題によって練習を積んでいるか否かが勝負を決める。この「人工知能（AI）」というテーマは今後も頻出なので、これを機に「テーマ解説」をよく読み、試験で同様のテーマが出てもあわてず、しっかりと書けるようにしておこう。

合格点がもらえる答案例

○例　示

　近年、医療現場でもさまざまなAIが活躍しているが、AIに取って代わられない仕事として、私は看護師を挙げたい。

○根　拠

　看護の仕事がAIに取って代わられない根拠として、言葉を介さずに行なわれる非言語コミュニケーションの能力が必要である点を指摘したい。看護師には、患者の言葉にならない要求や訴えを、患者の表情、しぐさ、雰囲気などから正確に読み取って、適切に応答することが求められる。たとえば、患者が「だいじょうぶです」と言ったとする。AIなら、それを「これでよい」「問題ない」と解釈する。しかし、患者は、本当は病状が悪く、「だいじょうぶ」ではないのだが、看護師に気を遣ってそう言った可能性もある。これを見抜くことは、人間でなければ不可能だ。

○努力目標

　AIに看護の仕事を奪われることを防ぐためには、このような非言語コミュニケーションの能力を磨く必要がある。あわせて、観察力も大切だ。また、豊富な経験や直感の鋭さも必要とされる。これからは、AIには不可能な、人間にしかできない看護のあり方を追求していくべきである。

(443字)

| 全体を通じた | コ | メ | ン | ト |

　第1段落から、問題文に対してダイレクトに答える書き出しとなっている。第2段落で、看護の仕事には非言語コミュニケーションの能力が必要であることを具体例とともに挙げているため、わかりやすい。第3段落では、非言語コミュニケーションの能力と観察力の重要性を示していて、前向きな結論に仕上げている。欲を言えば、第1段落が1文しかない点が惜しい。第1段落に看護師の役割として「医師の診察の補助と、患者の療養の世話」を加えてもよかった。

| 答案例への | コ | メ | ン | ト |

- ➡❶：○　問題文に対して答えるスタイルで書き出すことができている。
- ➡❷：○　看護の仕事がAIに取って代わられない根拠として、非言語コミュニケーションの能力を取り上げている。
- ➡❸：○　❷の補足として非言語コミュニケーションの重要性を説明。
- ➡❹：○　❷・❸の具体例として「だいじょうぶです」を挙げた点も適切。
- ➡❺：○　「だいじょうぶです」をAIならどう解釈するかという説明がうまい。
- ➡❻：○　❺との比較によって、看護師なら「だいじょうぶです」をどう解釈するかを述べていて、説得力を生み出せている。
- ➡❼：○　❹・❺・❻の内容を受けてうまくまとめている。
- ➡❽：△　今後の努力目標を提案している点はよい。ただし、内容が❷と重複している。
- ➡❾：○　観察力の必要性を取り上げたところもうまい。
- ➡❿：◎　「経験」「直感」のようにAIがカバーできない領域にまで言及し、洞察力の高さをアピールできている点が秀逸。
- ➡⓫：△　書いていることはそのとおりだが、当たり前な内容になってしまっている。❿で小論文を完結させるのも1つの手である。

神　髄 14

　結論部に「努力目標」を書いて締めくくると、前向きな内容に仕上がる。

18歳選挙権

「シルバーデモクラシー」も「ユースデモクラシー」も

頻出ランク ★★★★★

これがテーマの 神髄 だ!

★18歳選挙権の現状：選挙権年齢引き下げの目的

- 「人民の、人民による、人民のための政治」
- 若者の声を政治に反映させる
- グローバルスタンダードに合わせる
  - ：諸外国の選挙権年齢は18歳以上が多い

★18歳選挙権の問題点：若者の政治への無関心

- 投票率の低さ
  - ➡住民票がある場所と現住所が異なる／選挙に関心がない／投票に行くのが面倒
- 投票したって変わらないというあきらめ

★18歳選挙権の今後：政治を自分のこととして考えよう

- インターネット投票システムの導入
- 主権者教育の推進
  - ：国や社会の問題を自分の問題としてとらえ、自ら考え、自ら判断し、行動していく主権者を育成
- 「シルバーデモクラシー」と「ユースデモクラシー」
  - ：政治に主体的にかかわり、若者にも手厚い民主主義の実現を

> **出題例**
>
> 　平成28年（2016年）に、選挙権年齢が18歳以上に引き下げられた。その目的、問題、問題の対策について述べなさい（400字以内）。
>
> （早稲田大・駒沢大など非常に多数）

★ 18歳選挙権の現状：選挙権年齢引き下げの目的

　突然だけど、2022年7月に、参議院議員選挙があったわね。5月生まれの青葉さんは18歳になっていたから有権者よね。投票に行った？

> はい！　父と一緒に投票に行きました。
> 父は自称「選挙マニア」なんです。好きな言葉は "Government of the people, by the people, for the people"。

「人民の、人民による、人民のための政治」。アメリカ合衆国第16代大統領エイブラハム・リンカーンの言葉ね。民主主義の精神を最もよく表した言葉だとされているわ。

　今回のテーマは「**18歳選挙権**」。ここ数年、社会科学系の入試小論文では頻出の課題よ。18歳以上の読者のみなさんに直接かかわってくるテーマでもあることだし、一緒にしっかり学んでいきましょう。

　選挙権年齢を定めた公職選挙法の流れは次のとおりよ。

1925年	普通選挙法制定。有権者は25歳以上のすべての男子
1945年	有権者は20歳以上のすべての男女
2016年	有権者は18歳以上のすべての男女（70年ぶりの改定）

政府が70年ぶりの<u>選挙権年齢の引き下げに踏み切った最大の目的</u><u>は、「若者の政治参加の促進」。これから社会の少子高齢化がますます</u><u>進む中で、今後の日本を担っていく若者の声を政治に反映させようと</u><u>したの。</u>

　間接民主主義を採用している日本では、若者たちの声を政治に反映させるためには、選挙を通して自分たちの代表者を選び、その代表者によって政治を行なってもらうことが最も効果的なのね。

　もう1つの目的は「グローバルスタンダード」に合わせること。アメリカ・カナダ・イギリス・フランス・ドイツ・ロシアと、先進諸国はいずれも18歳から選挙権を認めているわ。日本もそれに合わせたわけね。これは2022年4月に、成人年齢と裁判参加の下限年齢を18歳に引き下げた背景とも重なるわね。

　一般庶民は1925年まで、女性に至っては戦後まで参政権が認められなかったのですよね。そんな中で18歳の私たちにも投票という形で、政治に参加する権利が認められたということは、喜ぶべきことなのでしょうけれども……なんだかピンと来ないわ。

　日本の高校生は、学校の勉強や部活動、とくに18歳になると受験勉強や進路のことなどが最大の関心事になっているから、そういった中で政治への関心をもつのはなかなか難しい、というのが現実でしょうね。

★18歳選挙権の問題点：若者の政治への無関心

　日本の18歳が「投票に行こう、政治参加をしよう」と言われても、現実には青葉さんの言うようにピンと来ないのでしょうね。それは数字にも表れているの。次のグラフを見てね。「参議院議員通常選挙における年代別投票率（抽出）の推移」よ。

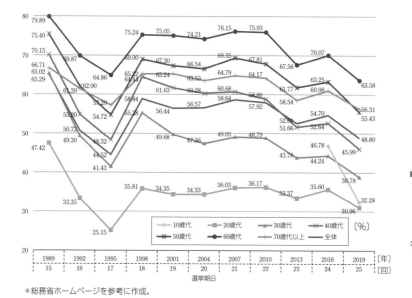

＊総務省ホームページを参考に作成。

参議院議員通常選挙における年代別投票率（抽出）の推移

　2016年に公職選挙法が改正され、18、19歳にも参政権が認められてから初の選挙は、同じ年に行なわれた参議院議員選挙。そのときの10歳代の投票率は46.78％。これは20歳代、30歳代の投票率を上回ったのだけど、3年後の2019年の同選挙では、32.28％にダウン。

　さらに3年後の2022年の同選挙。青葉さんが参加したときね。そのときは35.42％。投票率は上がったけど、全体の52.05％よりはずいぶん低い。

　さらに次のページのアンケート結果を見てね。総務省が行なった「18歳選挙権に関する意識調査の概要」の中の「選挙に行かなかった人の理由」よ。対象は2016年の参議院議員選挙。全国の18、19、20歳の男女3,000人に実施したものよ。

Q：あなたが**投票に行かなかった理由**を教えてください。 A：（上位3項目）※複数回答	
①いま住んでいる市区町村で投票することができなかったから	21.7%
②選挙にあまり関心がなかったから	19.4%
③投票に行くのが面倒だったから	16.1%

（総務省ホームページより作成）

②・③から、若者の投票率の低さは、政治に対する無関心が大きな理由だとわかるわね。

待ってください、先生。たしかに友達の中にも、②や③のような発言をする人がいます。でも、大人たちの中にも、私たち若者の政治への興味を失わせる要因があるような気がするのです。たとえば政治家の汚職や不正。何よりヤングケアラーの問題や非正規雇用者対策とか、私たち若者のために政治をしてくれるのかという疑問もあります。それが「投票したって変わらない」という虚しさにつながり、若者の投票率を下げているのではないでしょうか。

そのとおりだわ、青葉さん。私は政治家ではないけど、大人の1人として青葉さんたち若者に、そのような疑問や不信感をいだかせてしまっていることを反省しなくてはね。

★ 18歳選挙権の今後：政治を自分のこととして考えよう

「選挙権」は長い時間をかけて獲得した権利であり、民主主義の根幹をなすものよ。民主主義を守り発展させるためには、投票することがとても大切なの。最後に、投票率の低さに表れた<u>若い世代の政治への無関心や「投票したって変わらない」という虚無感</u>を、どうすればいいのかを考えてみましょう。

前から思っていたのですが、国政選挙って、なぜインターネット投票システムが導入されないのですか？　さっきの投票に行かなかった理由の第1位「いま住んでいる市区町村で投票することができなかったから」が、「進学や就職で住民票がある住所とは別のところに住んでいる。投票のためにわざわざ地元に帰ることができない」という意味ならば、ネットで投票できるようになれば解決すると思うのですが。

「インターネット投票システム」が、国政選挙で導入されない理由としては、「システムダウンやサイバーテロへの対応が難しい」「不正投票が増加するおそれがある」ことが考えられるわね。

　ただ、新型コロナウイルス感染症の感染拡大防止の一環としても、何より<u>選挙権という国民の権利を保障するためにも、インターネット投票システムの導入を検討し続けてほしい</u>ものね。

　新有権者になった18、19歳を含めた<u>若者の投票率を上げ、政治参加を促すために私が提案したいのは、政治を自分のこととして考えてみる</u>こと。

　先ほど示した年代別投票率の推移を見ると、50歳代、60歳代、70歳代以上の投票率が高い。これは労働、子育て、老後問題などで政治との接点が多いから。投票率が高いと政治家も彼らの要望に応えようとするし、さらに次回の選挙の実績づくりのためにも、彼らのために

なるような政治を行なうようになるの。

　じゃ10代、20代は接点がないのかと言うと、さっき青葉さんが言ったように、ヤングケアラー問題（➡ テーマ5 ）、非正規雇用者問題など政治にかかわるテーマは数多くあるのよ。だから選挙広報、街頭演説、政見放送、政党や候補者のホームページなどから彼らの公約に注目して、自分の意見を実現してくれそうな候補者に投票すること。

　そして「主権者教育」の推進。主権者教育とは「国や社会の問題を自分の問題としてとらえ、自ら考え、自ら判断し、行動していく主権者を育成していくこと」（総務省ホームページより）。具体的には、政治のしくみ、政党の特色や理念、実際の政策課題等について学ぶこと。そのうえで、学校の授業でも「模擬選挙」を行なったりする。これは生徒会役員選挙などという形で、青葉さんたちも経験ずみだと思うわ。

　日本の民主主義は、投票率が高い高齢者に手厚い政策が行なわれるので「シルバーデモクラシー」とも呼ばれているの。これからは、若者が選挙権を行使することで政治に主体的にかかわり、若者にも手厚い民主主義「ユースデモクラシー」も実現していきましょう。

出題例の[解答・解説]

出題例 再録

　平成28年（2016年）に、選挙権年齢が18歳以上に引き下げられた。その目的、問題、問題の対策について述べなさい（400字以内）。

構想メモを書いてみよう！

目　的：選挙権年齢が引き下げられたことと、その目的を説明する

- 少子高齢化の進行とグローバルスタンダード
- 2016年に選挙権年齢が18歳以上に引き下げられた
- 目的は若者の声を政治に反映させるため
- 諸外国の選挙権年齢は18歳以上が多いため

問題点：18歳選挙権の問題点を指摘する

- システム上の問題点と意識
  ➡ほかの年代と比べて投票率が低い
  ➡住民票のある地域の投票所でないと投票ができない
  ➡投票したって変わらないという虚無感

問題の解決策：問題点を今後どう解決していくかについて意見を述べる

- システム上の対策と意識面での対策
  ➡ネットで投票できるようにする
  ➡模擬選挙などの主権者教育を推進する
  ➡政治と自分との接点をもち「ユースデモクラシー」を推進する

　第1段落では、選挙権年齢引き下げが内的要因だけでなく外的要因によるものである点を指摘する。第2段落では、投票率の低さがシステム上の問題だけでなく若者の意識から来るものである点に触れる。第3段落では、若者の政治参加意識を高揚させるための施策を挙げる。

合格点まであと一歩の答案例

　₁2016年に、選挙権年齢が18歳以上に引き下げられた。₂引き下げの目的は、社会の少子高齢化が進む中で、社会を担う若者の声を政治に反映させるためである。₃また、諸外国の選挙権年齢は18歳以上が多く、日本もそれに合わせたためである。

　₄私は18歳選挙権に反対だ。₅その理由を次に述べたい。₆現代の日本には、政治に関心をもっていない若者が少なくないからである。₇いまの若者は勉強、仕事、課外活動、アルバイトなどで多忙で、政治にまで目が向かないのが実情だ。₈それを裏付けるかのように、2016年以降、18歳、19歳も選挙権をもつようになったが、投票率は低い。

　₉若者の投票率を上げるために、政治家はもっと若者向けの政治を行なってほしい。₁₀たとえばヤングケアラー問題、非正規雇用者対策などだ。₁₁そういったことをやってくれれば、若者も政治に興味をもつようになり、投票率も上がるはずだ。

（365字）

全体を通じた コメント /

　この問題文で問われているのは、「選挙権年齢が18歳以上に引き下げられた目的、問題、問題の対策」について述べることだ。ところがこの答案例では第2段落で「18歳選挙権に反対だ」と書いてしまっている。「問題があるから反対だ」と言うつもりなのかもしれないが、設問の要求からズレてしまっている。やはり問題文に沿った形で書き進めるほうが賢明である。

答案例への コメント /

→**❶**：○　選挙権年齢引き下げについて述べたところがよかった。

→**❷**：○　目的についても適切に書けている。

→**❸**：○　❷とは別の角度から目的を書けている。

→**❹**：✕　反対の立場を示し、問題文とはちがった方向で書いている。

→**❺**：✕　問題文とは無関係の反対理由を書こうとしている。

→**❻・❼・❽**：△　現代の日本の若者の政治に対する無関心について書いているが、これを問題として書いてはどうか。

→**❾**：○　若者の投票率を上げる対策を講じている。

→**❿**：○　❾を具体的に発展させている。

→**⓫**：○　❿が実行されたときに期待される効果を述べて締めくくっている。

神髄 15

　問題文の要求には正しく答えることが、合格できる答案の大前提である。今回のように問題文の要求が3つあった場合は3つとももれなく答えることが必須である。「問題文を自分なりに少しくらいアレンジしてもだいじょうぶだろう」などと思わないようにしてほしい。

合格点がもらえる答案例

◦目　的

_①2016年に選挙権年齢が18歳以上に引き下げられた。_②目的は少子高齢化が進む日本の社会において、若者の声を政治に反映させるためである。_③また諸外国の選挙権年齢は18歳以上であることが多いため、それにならったということも考えられる。

◦問　題　点

_④しかし18歳選挙権には問題もある。_⑤第一に、住民票のある地域の投票所でないと投票ができないことだ。_⑥そのため進学や就職をきっかけに親元を離れると、投票のために帰省しなければならない。_⑦第二に若者の政治参加への意識が低いことだ。_⑧それは18歳、19歳の投票率が、ほかの年代に比べて低いことに表れている。_⑨「投票しても政治は変わらない」という若者のあきらめの気持ちがうかがえる。

◦問題の解決策

_⑩今後はまずインターネット投票を検討したり、現住所でも投票できる制度にするべきだ。_⑪次に主権者教育だ。_⑫模擬選挙などを通じて、若者の政治への意識を高め、日本の民主主義を「ユースデモクラシー」へと転換させる気概をもちたい。

（395字）

全体を通じた コメント ✏️

　第1段落で、18歳選挙権の目的を2つの角度から紹介している。第2段落で問題点を指摘している。ちがった角度から複数取り上げているため、視野の広さがうかがえる。第3段落で解決策を、問題点と対応させる形で提案することができている。

答案例への コメント ✏️

→❶：○　2016年に、選挙権年齢が18歳以上に引き下げられたことについて簡潔に紹介している。

→❷：○　引き下げの1つ目の目的として若者の声を政治に反映させることを取り上げている。

→❸：○　2つ目の目的として諸外国の選挙権年齢にならったことを挙げている。

→❹：○　18歳選挙権には問題があることを指摘している。

→❺・❻：○　住民票のある地域でないと投票できないことを1つ目の問題として取り上げている。

→❼・❽：○　若者の政治参加への意識の低さを2つ目の問題として取り上げている。

→❾：○　投票しても変わらないというあきらめの気持ちを紹介している。

→❿：◎　1つ目の対策としてネット投票の導入や制度変更を提案していて、とてもよい。

→⓫：◎　2つ目の対策として主権者教育を提案していて、とてもよい。

→⓬：○　「ユースデモクラシー」への転換について述べて締めくくっている。

神髄 16
　問題文に沿って過不足なく書くことを、いま一度確認しよう。

テーマ 9　裁判員制度

国民主権の根源をなすもの

頻出ランク ★ ★ ★ ★ ★

これがテーマの 神髄 だ！

★裁判員制度の目的

- 国民の司法参加
  ➡ 2022年4月から18歳以上に引き下げ／高校生も裁判員に／刑事裁判に参加／裁判員候補者名簿に記載される確率は492分の1

★裁判員制度のしくみ

- 事件ごとに裁判員を選任
- 裁判員6人と裁判官3人で審議➡有罪・無罪、刑期を決定

★裁判員制度の問題点

- 生活への影響
  ：裁判員になるのは義務であり、原則辞退はできない
- 精神的負担：被告へ厳罰を下す／遺体などの写真を見る
- 高校生が裁くのはおそれ多い？

★問題の解決策

  ➡国民主権の精神に立ち戻ろう
- 法や裁判を身近なものに
- 法教育の充実：模擬裁判などを授業で扱う
- 負担への配慮：裁判官のサポート

実際の出題例を見てみよう! ➡解答・解説は p.111〜

➡解答・解説は p.111〜

出題例

裁判員制度についてあなたの考えを述べなさい（400字以内）。

(獨協大)

★裁判員制度の目的

2022年4月から、裁判員に選ばれる年齢が、20歳以上から18歳以上に引き下げられましたね。高校生も3年生は裁判員として人を裁くことになるかもしれない、ということですよね。

そうなの。2022年4月の改正少年法施行にともなうものよ。

「裁判員制度」のもととなる裁判員法は、裁判員の資格を「衆議院選挙の選挙権を有する者」と定めているの。この選挙権年齢が2016年（制定：2015年）の公職選挙法改正で18歳に下がったことは、 テーマ8 で学習しましたね。ところが法律が制定された当時は少年法適用年齢の18、19歳が刑罰を決める裁判に参加するのは適切ではない、という意見が多くて、裁判員裁判への参加年齢は、例外的に20歳以上のままとされていたのね。

でも2021年5月に少年法が改正されて、裁判員裁判が扱う事件では18、19歳も20歳以上と同様に裁かれることになって、裁判員の資格も18歳以上と改められたのよ。

つまり、「国民が主権者として司法に参加する」という裁判員制度の理念から、裁判員に任命する年齢を選挙権年齢としたのね。そもそも裁判員制度とは、国民の中から選ばれた裁判員が刑事裁判に参加する制度。裁判は大きく「民事裁判」と「刑事裁判」に分けられるの。

民事裁判は、「裁判官が、法廷で、双方の言い分を聴いたり、証拠を調べたりして、最終的に判決によって紛争の解決を図る手続（最高裁判所ホームページより）」のこと。一方、刑事裁判とは、「窃盗などの犯罪の犯人だと疑われている人の有罪・無罪や有罪の場合の刑罰を決める手続（最高裁判所ホームページより）」のこと。裁判員制度がかかわってくるのは後者の刑事裁判のほうね。

「国民の司法参加」が裁判員制度の最大の目的よ。窃盗や殺人など、治安を脅かす犯罪の裁判に国民が参加することによって、国民生活の安全の確保をめざすというわけね。2022年8月の最高裁判所の発表によると2023年の裁判員候補者名簿に記載される人は21万3,700人。18歳以上の有権者の492人に1人が候補者に選ばれる計算だそうよ。

裁判員制度は2009年に始まった制度だけど、裁判員経験者からの評価は良好みたい。下のグラフを見てね。裁判員に選ばれる前は「（積極的に）やってみたい」と思っていた人は37.2%だったけど、裁判員としてやってみたら97.0%が「（非常に）よい経験」と答えているわ。

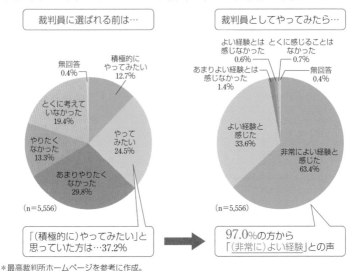

＊最高裁判所ホームページを参考に作成。

裁判員等経験者に対するアンケート （2019年度）

★裁判員制度のしくみ

裁判員を選ぶことを「選任」というのだけど、ここで簡単に選任手続の流れを紹介しておくわね。

---

❶ 名簿の作成　前年の 10 月中旬から下旬

衆議院議員の選挙権を有する人の中から裁判所がくじで選び、裁判員候補者名簿をつくる。

↓

❷ 候補者への通知と調査票の送付　前年の 11 月ころ

裁判員候補者に選任されたことを通知し、明らかに裁判員になることができない人や、なれない理由が認められるかどうかを問う調査票を送る。

↓

❸ 事件ごとの裁判員候補者の選定

くじで選ばれる。

↓

❹ 選任手続期日のお知らせ（呼出状）と質問票の送付
原則、裁判の 6 週間前まで

裁判員を務める予定の期間を通知する。質問票の記載から、裁判員を務めることが不可能な人は、呼び出しを取り消されることになる。

↓

❺ 選任手続を行なう　選任手続期日

裁判長から辞退希望等について質問される。この段階において、裁判員になれない人や辞退が認められた人は候補者から除外される。

↓

❻ 裁判員 6 人を決定　決定期日（指名期日）

（法務省ホームページより作成）

次に裁判員裁判の流れを説明するわね。

- 起訴：原告が裁判所に対して裁判の手続をする。

⬇

- 公判前整理手続
  ：争点や証拠を整理する。抽選で選ばれた候補者の中から裁判ごとに選任された6人の裁判員がこの段階から参加する。

⬇

- 法廷審理
  ：法廷で、証拠の取り調べや、証人や被告人への質問が行なわれる。

⬇

- 評議・評決
  ：有罪か無罪か、有罪なら何年の刑期かを決める。裁判官、裁判員全員の意見が一致しなかった場合は、多数決によって決める。

⬇

- 判決宣告
  ：評決内容を、裁判長が法廷で被告人に対して宣告する。

（法務省ホームページより作成）

　裁判員裁判（裁判員の参加する刑事裁判。裁判員の参加しない刑事裁判もある）の対象事件は、殺人罪、強盗致死傷罪、傷害致死罪、現住建造物等放火罪、身代金目的誘拐罪など。裁判員6人と裁判官3人が1つの事件を担当するの。

殺人罪とか強盗致死傷罪とか、凶悪な犯罪ばかりですね。判決に死刑がかかわってくる罪もあるじゃないですか。法律の専門家ではない国民が、そういった裁判にかかわるということ自体、なんだか怖くなります。

★裁判員制度の問題点

　いま青葉さんも言ったように、裁判というのは、相手のその後の人生を決めてしまいかねないもの。怖くなるのも当然よね。ここでは、裁判員制度の問題点を整理してみましょう。

❶　生活への影響

　裁判員法では、裁判員となることは義務とされている。したがって

- 70歳以上の人や学生
- 重い疾病や怪我により裁判所に通うことが困難であること
- 親族の介護養育を行なう必要があること

といった理由をもつ人以外は、原則として辞退はできず、呼出状で指定された日時に、裁判所に行かなければならない。報酬は1日あたり1万円以内。

❷　精神的負担

　先に挙げたように、裁判員裁判で扱う事件は凶悪かつ重大事件ばかり。法律の専門的教育を受けたことがない国民が、被告に死刑や無期懲役を科さなければならないこともあるのは、精神的負担が大きい。

　審議の段階で、遺体や殺人現場の写真を見なければならないことが裁判員の心の傷となってしまうこともある。出所した被告人から逆恨みされてしまう可能性もゼロではない。

❸　高校生が裁くのはおそれ多い？

　まだ高校生で親の保護下にあり、社会経験が少ない自分たちが、他人の人生を裁いてよいのか、という不安が生じる。

★問題の解決策

492分の1という低い確率ですけど、私も裁判員候補者名簿に記載されて裁判員になる可能性もある、ということですよね。これから裁判員制度をよりよいものにするには、どうすればよいのでしょう。

　日本の三権分立（司法、立法、行政）の中で一般の国民にいちばん敷居が高かったのが司法だったのかもしれないわね。<u>裁判員制度は国民主権の精神に立ち戻り、司法参加することで、法や裁判を私たちに身近なものにするためのよい機会</u>なのではないかしら。

　先に示した問題点の、具体的な解決策は以下の2点ね。

---

❶　法教育の充実
　高校生がいきなり裁判所に裁判員として呼び出されて審議に参加するというのはハードルが高すぎる。「模擬裁判」などの形で、社会科の授業で扱ってみる。

❷　負担への配慮
　最高裁判所は2021年11月、裁判員制度について取り上げた若者向けの広報リーフレットを作成。そこでは「裁判官のような司法のプロの前で、あるいは目上の人の中で自分の意見を言いづらいかもしれない。裁判官はよりきめ細かく、司法参加する若者の心情に配慮することが必要になる」とある。

　裁判員制度は、若い人が命や人生の重みを知る機会として、これから日本に合った形で根付いていってほしいわね。

出題例の[解答・解説]

出題例 再録

裁判員制度についてあなたの考えを述べなさい（400字以内）。

構想メモを書いてみよう！

現 状：裁判員制度の現状を簡潔に示す

● 裁判員制度の目的、しくみ
● 裁判員制度は国民の司法参加が目的
● 有権者の中から無作為に選ばれた6人の裁判員が3人の裁判官とともに裁判を行なう
● 2022年4月から18歳に達している高校生も選ばれる可能性がある

問題点：裁判員制度の問題点を考える

● 裁判参加へのハードルの高さ
● 精神的な負担

結 論：裁判員制度が抱える問題点の解決策を考え、内容を総括する

● 模擬裁判など、法教育の実施や裁判官など法のプロのサポート
● 裁判員制度は命や人生の重みに触れるよい機会

　第1段落で国民の司法参加を目的とした裁判員制度に、高校生が該当する可能性が出てきたことを示す。第2段落で問題点を複数の角度から示し、第3段落で解決策を提案し総括する。

第3章

私は裁判員制度に賛成である。以下にその理由を述べたい。

第一に、国民が司法に参加するよい機会だと思うからである。日本の三権である司法、立法、行政のうち、立法と行政は、選挙権を行使したり、選挙権を行使して選んだ代議士に自らの意見を託すことによって、間接的であれ参加することが可能である。しかし司法は、この2つに比べて専門性が高く、一般の国民にとってはハードルが高すぎるように思う。裁判員という形で司法に参加することによって、国家のルールである法律というものが、どこでどのような形で機能しているのかを実感することができるのではないだろうか。

第二に、高校生が法律や裁判に興味をもつことにつながると思うからである。2016年から18歳以上にも選挙権があるのだから司法に参加するのも当然である。

以上の理由から、私は裁判員制度に賛成である。

(360字)

全体を通じた コ メ ン ト

　いきなり「私は裁判員制度に賛成である」と書き出すのは、やはり唐突な印象を与える。大学が入試で小論文を課すのは「そのテーマについて、受験生が知識や情報をもっているかを見たい」という意図があるのだ。したがって、今回も裁判員制度の説明から始めたほうがよい。

　また理由について述べた内容が長すぎる。そのためバランスに欠けた内容の答案になってしまっている。

答案例への コ メ ン ト

➡**❶**：△　「賛成である」という形で裁判員制度への考えを示した点はよいが唐突だ。

➡**❷**：△　今回は指定字数が400字以内と少なく、次の文を読めば理由を述べていることが明らかなので、「〜について述べたい」は省略してよい。

➡**❸**：○　理由を明確にしたところはよかった。

➡**❹・❺・❻**：△　日本の司法が国民にとってハードルが高いことについて述べた内容が長すぎる。

➡**❼・❽**：○　高校生が司法に興味をもち、参加することを取り上げた点はうまい。

➡**❾**：△　第1文の反復で終わってしまっている。

神 髄 17

　指定字数が少ないからこそ、構想の段階で何をどう盛り込むのかを、じっくり考えてから書くようにしよう。また、まとめや総括をいままでの文をもう一度書くことのように誤解をしている人がいるが、そうではないことを、次の「合格点がもらえる答案例」を読んで認識しよう。

●現　状

　2009年に裁判員制度が始まった。裁判員制度の目的は国民の司法参加を促すことである。有権者の中から無作為に選ばれた6人の裁判員が、3人の裁判官とともに裁判を行なう。2022年4月から18歳に達している高校生も選ばれる可能性がある。

●問題点

　現在の裁判員制度が抱える問題として、第一に裁判参加は一般の国民にとってハードルが高いことだ。法律の知識が乏しかったり、裁判官の前で意見を述べたりすることを躊躇してしまう人もいると考える。第二に精神的な衝撃への対応だ。審議の過程で遺体や現場の写真を見て、心に傷を負う人もいると思う。

●結　論

　今後はまず、模擬裁判などを高校の授業でも実施し、裁判や法律に接する機会を増やしていくべきだ。次に、審議の過程では、法の解釈や参加の心構えなどについて、裁判官というプロからのサポートも欠かせない。私は、裁判員制度は命や人生の重みに触れるよい機会だと考える。日本の社会での定着をめざしていくべきだ。

（397字）

全体を通じた コ メ ン ト

　第1段落で裁判員制度の目的、しくみを説明している。第2段落では裁判員制度の問題点を2つの角度から考えている。第3段落では問題点の解決策を考察し、裁判員制度について総括して締めくくっている。

答案例への コ メ ン ト

➡❶：○　裁判員制度開始について述べている。

➡❷：○　目的を簡潔に説明している。

➡❸：○　しくみの説明が的確である。

➡❹：○　特筆すべきことを示して第1段落を締めくくっている。

➡❺・❻：○　1つ目の問題点を、国民の裁判参加へのハードルの高さから指摘し、リアルな内容に仕上がっている。

➡❼・❽：○　2つ目の問題点を精神的な角度から説明している。1つ目とは別の視点から書けたところがうまい。

➡❾：○　対策の1つ目を模擬裁判実施の角度から提案している。

➡❿：○　裁判官から裁判員へ支援することを提案した点がよかった。

➡⓫・⓬：◎　裁判員制度の今後についての考えを述べ、文章を締めくくっている。

神 髄 18

　社会の制度やシステムについて考えを述べることが要求された場合は、単に賛成・反対の角度から論じていくだけでは不十分だ。制度やシステムの内容・目的・問題点についても説明しよう。結論部では問題点の対策を考察したり、今後の展望を提案したりして締めくくろう。

テーマ
10 **企業の社会的責任**

揺らぐ食の安全

頻出ランク ★★★★★

これがテーマの 神髄 だ!

★食の安全が脅かされている現状
- 不正表示
  ：消費期限と賞味期限、食品添加物、産地偽装、遺伝子組み換え
- 食中毒
- 異物混入➡故意に？　偶然に？
- モラルを失った従業員の行動
  ➡食べ残しを別の客に提供、悪ふざけ

★食の安全が脅かされる背景
- 利益至上主義➡モラルの欠如
- 食品関連の法律のあいまいさ：消費期限と賞味期限のちがい
- 消費者の意識：食品添加物や原材料の産地などは確認しない

★このままでは何がまずいのか
- 消費者からの信頼を失う
- 消費者の生命にかかわる
- 企業の存在意義と社会的責任が問われる

★食の安全を確立するには
- 企業はモラルと責任を➡トレーサビリティの推進
- 担当省庁は企業を監督し、消費者に情報開示を
- 消費者は知識と情報を➡食育とマナーの重要性

テーマ ［解説］

実際の出題例を見てみよう！

➡解答・解説は p.123 〜

出題例

　食の安全を確立するにはどうすればよいか。あなたの考えを述べなさい（400 字以内）。

（東京農業大）

★食の安全が脅かされている現状

最近、スーパーで「商品の『てまえどり』にご協力ください」と書いてあるポスターをよく見かけます。でも、食品って古いものが手前に、新しいものが奥に陳列してあるのですよね。新鮮な商品を買いたくなるのが人の心理ですよね。

　わかるわ、青葉さん。私もつい奥の商品に手を伸ばしそうになるのを「おっと、いけない、『てまえどり』しなきゃ」と思ってしまうわ。「てまえどり」とは、購入してすぐ食べる場合に、商品棚の手前にある商品など、販売期限の迫った商品を積極的に選ぶ購買行動のことを言うの（農林水産省ホームページより）。食品ロス削減を目的としたものね。

　また、食にかかわる企業は安全・安心に消費者に商品を提供する義務があり、担当省庁はそれが実行されているかを監督する義務があるわ。

　ところが最近、食の安全を脅かす問題が目立つわね。今回はそれをテーマにしてみます。食の安全が脅かされている現状をいくつか具体的に挙げてみるわね。

- 不正表示：消費期限や賞味期限、食品添加物、生産地、遺伝子組み換えを行なった原材料などを正しく表記しない
  - 菓子の賞味期限を長く改ざん
  - 菓子の材料に消費期限の切れた材料を使用
  - 安価な外国産の魚を国内産高級魚と偽って表示
  - 被曝量測定では基準値をクリアしているが、風評被害をおそれ、放射能漏れの被害にあった生産地の名前は出さない

- 食中毒
  - ノロウイルス、ボツリヌス菌、腸管出血性大腸菌 O157 などによる食中毒
  - 狂牛病

- 異物混入、禁止されている化学物質の検出
  - 学校給食に虫や髪の毛が混入
  - ファストフードの中に食品以外のものが混入
  - 外国産茶葉から日本では禁止されている DDT（殺虫剤）を検出

- モラルが疑われる従業員の行動
  - ほかの客の食べ残しを別の客に提供
  - 不衛生な環境下での食品製造
  - いたずら、悪ふざけ、その場のノリで、食品収納の冷凍庫のスイッチを切ったり、業務用冷蔵庫の中に忍び込んだりする（バイトテロ）

★食の安全が脅かされる背景

人間にとって食べることは人生の最大の喜びの1つでもあるのに、食の安全を脅かすものっていろいろありますね。どうしてこんなことが起こってしまうのでしょう。

❶ 企業の利益至上主義

1つ目の背景は、企業とは、利益を追求する組織だから。それが行きすぎると食の安全よりもとにかく儲けようという、利益至上主義になってしまうのでしょうね。

❷ モラルの欠如

これは❶の「企業の利益至上主義」ともかかわってくるのだけど、食を扱う企業の側に「自分たちが提供しているものは、人の食生活や人の命に深くかかわっている」という道徳観念が希薄なことが挙げられるわ。

❸ 食品関連の法律のあいまいさ

現在の日本の食品関連の企業は、食品衛生法、食品表示法などの法の遵守が求められ、さらに農林水産省、厚生労働省などの管理下に置かれているの。だから、食の安全を脅かすような事件を未然に防ぐため、二重三重のチェック体制が構築されているはず。それでも先に示したような事件が起こってしまう背景として「食品関連の法律のあいまいさ」を挙げておきたいわね。

たとえば食品表示法にもとづく消費期限と賞味期限のちがいを、農林水産省は次のように説明しているわ。

●消費期限（期限をすぎたら食べないほうがいいんです！）

　袋や容器を開けないままで、書かれた保存方法を守って保存していた場合に、この「年月日」まで、「安全に食べられる期限」のこと。お弁当、サンドイッチ、生めん、ケーキなど、いたみやすい食品に表示されています。

●賞味期限（おいしく食べることができる期限です！）

　袋や容器を開けないままで、書かれた保存方法を守って保存していた場合に、この「年月日」まで、「品質が変わらずにおいしく食べられる期限」のこと。スナック菓子、カップめん、チーズ、かんづめ、ペットボトル飲料など、消費期限に比べ、いたみにくい食品に表示されています（つくってから3か月以上もつものは「年月」で表示することもあります）。この期限をすぎても、すぐに食べられなくなるわけではありません。もし、賞味期限がすぎた食品があったら、大人の方とそうだんしてから食べましょう。

（農林水産省ホームページより作成）

　賞味期限の説明の「この期限をすぎても、すぐに食べられなくなるわけではありません。もし、賞味期限がすぎた食品があったら、大人の方とそうだんしてから食べましょう。」に注目して。つまり、賞味期限がすぎた食品を大人と相談したうえで、自分が食べるのは企業ではなくて「自己責任」。わが子に食べさせるのは「親のモラルの問題」ということなのよ。

　法律の中にも主観やモラルが解釈を左右する面が存在するわけね。ちょっと混乱してしまうわね。

❹　消費者の意識

　最後に消費者の意識についても挙げておきたいわ。私も商品を買うときに、消費期限や賞味期限を確認するわ。次に目が行くのはカロリーや塩分や糖分。どんな食品添加物が使用されているか、原材料の産地はどこかまでは見ないこともあるわね。

★このままでは何がまずいのか

　食の安全が脅かされる状況が続くと何がまずいのかというと、まずは消費者や顧客からの信頼を失うということ。食品は直接口にするもの、健康に直結するものだからこれは仕方がないわね。次に、その企業の製品を買った消費者が病気になるかもしれないし、最悪の場合、命を落とすことにもなりかねない。そうなると消費者のあいだで不買運動が起こって、企業収益が落ち込んだり、経営危機に陥ったりする。実際に倒産に追い込まれた企業もあるわ。企業の社会的責任が問われるというわけね。

私たち消費者も賢くならなきゃ。これからどうすればいいのでしょう。

★食の安全を確立するには

❶　企業はモラルと責任を

　企業は、食品を扱うということは消費者の健康と命を預かっているということ、というモラルを忘れないでほしいわ。そのうえでモラルに頼るだけでなく、製造〜流通の過程を「見える化」すること。「食のトレーサビリティ」という言葉があるんだけど、これは食の安全を確保するために、栽培・飼育から、加工、製造、流通までの過程を追跡できるしくみのこと。それによって不正が行なわれた場合はどこで行なわれたのか、異物混入はどの過程で発生したのかが明らかになるわね。

❷　担当省庁は企業を監督し、消費者に情報開示を

　食の安全にかかわっているのは、おもに農林水産省と厚生労働省。ところが、さっきも述べたように、賞味期限と消費期限について決め

たりするのは農林水産省、それをチェックして事故を未然に防いだり、事故が起こってしまったときの再発防止のためのリスク管理をしたりするのは厚生労働省、と役割分担しているのね。食にかかわる省庁が連携して企業を監督することが、これからは大切になってくると思うわ。

そして食に関するルールが制定されたり改正されたり、万が一何か事故が起こったときは、すみやかに情報開示し、しかるべき対策を迅速に打つことを国民の1人として切望したいわ。

❸ 消費者は知識と情報とマナーを

そして私たち消費者は、自分が口にするものについての知識を身につけ、「いま何が起こっているのか」についての情報のアンテナを張ること。現在、学校の食育の授業でも食の安全を取り扱っているようだけど、小学生のころから体系的に学ぶことはとてもよいと思うわ。

話をもとに戻すけど「てまえどり」のようなマナーも大切。食の安全を確保し、企業の社会的責任を促すには、私たちも賢い消費者になる必要があるわね。食は自分の命と健康に直結するものだから。

出題例の[解答・解説]

出題例 再録

　食の安全を確立するにはどうすればよいか。あなたの考えを述べなさい（400字以内）。

構想メモを書いてみよう！

● 現 状：食の安全が脅かされている現状を説明する

- 食の安全が企業によって脅かされている
- 自社製品の消費期限を不正表示する問題が発生している

● 背 景：問題が発生する背景を分析する

- 食の安全にかかわる用語の紛らわしさ
- モラルの低下（「みんなやっている」「バレなければだいじょうぶ」）

● 問題点：このままでは何がまずいのかを考える

- 消費者からの信頼を失う
- 事故が起こった場合は企業が責任を問われる

● 解決策：食の安全を確立するにはどうすればよいかを提案する

- 企業はモラルと責任感をもつ➡トレーサビリティの実行
- 担当省庁は連携して食品関連企業を監督し、適切な指導を行なう
- 消費者は知識を身につけ情報を得る

　今回は400字以内で4つの内容を盛り込む。第1段落で現状と背景を、第2段落で問題点と解決策を述べる2段落構成で書き進めていこう。

合格点まであと一歩の答案例

近年、食の安全が脅かされている。たとえば、食品関連企業が消費期限や賞味期限を改ざんしたり、産地を偽装したり、違法な食品添加物が使用されている製品を輸入したりする。それどころか製品に異物を混入するような事件を何度も起こす企業もある。その背景には企業の利益至上主義、モラルの欠如、食品関連の法律のあいまいさ、そして消費者の無知や無関心などがあると考えられる。

食は健康や生命に直結する。こういった状況が続くと、消費者からの信頼を失い、企業経営が危うくなることはもちろんだが、消費者自身が購入した食品によって健康を阻害されたりする。したがって食の安全を確立するには、企業は消費者の健康と命を預かっているというモラルを忘れず、自社製品に対して責任を負う。また担当省庁は責任をもって企業を監督する。そして消費者は、食に対する知識と情報を得る姿勢を忘れてはならない。

(376字)

| 全体を通じた | コ | メ | ン | ト |

　問題文に沿って「食の安全を確立するにはどうすればよいか」を書いて着地しているところはとてもよい。しかし、そこに至るまでの内容が盛りだくさんすぎて、散漫な文章になってしまっている。第1段落で取り上げる「食の安全を脅かす現状」は1つに絞り、具体的に述べたほうがわかりやすい内容になる。

| 答案例への | コ | メ | ン | ト |

➡❶：○　食の安全が脅かされていることを簡潔に示している。

➡❷・❸：△　あれこれと盛り込みすぎである。1つに絞ろう。

➡❹：△　できればもう少しくわしく述べよう。

➡❺：○　食と健康や生命との関連を指摘している。

➡❻：○　いまのままでは何がまずいのかについて、的確な内容が書けている。

➡❼：○　食の安全を確立するために、企業がすべきことについて述べている。

➡❽：○　担当省庁が果たすべき責務を述べている。

➡❾：○　消費者がすべきことを提案して締めくくっている。

神髄 19

　今回、問題文で要求されているのは、「食の安全を確立するにはどうすればよいか」、つまり対策を述べることである。しかし対策を述べるためには現在の状況、そしてその現状に至った背景、さらにいまのままでは何かまずいのか、といった問題点を必要とする。これらをバランスよく盛り込んだうえで対策に結びつけよう。

合格点がもらえる答案例

現状と背景

近年、食の安全が脅かされている。たとえば企業による不正表示である。消費期限を改ざんし製品を販売した事例があった。その背景には「賞味期限」と「消費期限」といった用語のわかりづらさがある。消費期限は「安全に食べられる期限」であり、その期限をすぎたら、食べるかどうかは自己判断だと、農林水産省は言う。

問題点と解決策

しかし、食は健康や生命に直結する。こういった状況が続くと、消費者への健康被害を招く事故を引き起こし、ひいては企業経営の悪化にもつながりかねない。したがって、今後は食品を扱う企業はモラルを忘れず誠実な企業経営に邁進する。改ざんや偽装を予防するためのトレーサビリティも推進するべきである。関係省庁も企業が社会的責任を果たしているか監督し、必要に応じて指導を迅速に行い、国民に情報開示する。消費者も知識と情報をもち、食の安全と安心に主体的にかかわっていくべきだ。

(375字)

全体を通じた コメント

　第1段落で、食の安全が脅かされている現状として、不正表示の例を取り上げ説明している。その後、不正表示が発生する背景として、企業のモラルの欠如と用語のわかりづらさを指摘している。第2段落では、こういった状況が続くと、企業は社会的責任を果たせなくなることを主張している。最後に、今後、食の安全を確立するにはどうすればよいのかを、企業、関係省庁、消費者の3方向から提案して締めくくっている。

答案例への コメント

➡❶：○　このように、現状の全体像から書き始めるのも1つのテクニックである。

➡❷：○　具体例として不正表示を挙げている。

➡❸：○　不正表示の内容を掘り下げている。

➡❹・❺：○　その背景として用語のわかりづらさを指摘している。

➡❻：○　食は健康や生命に直結することを主張している。

➡❼：◎　いまのままでは何がまずいのかを消費者、企業の2つの方向から説明していて、とてもよい。この記述が入ることによって、説得力が増している。

➡❽：○　食の安全を確立するためにはどうすればよいかを、まず企業のあり方から述べ、問題文の要求に応えている。

➡❾：○　トレーサビリティを提案したため、具体性が増した。

➡❿：○　関係省庁がすべき監督、指導、情報開示の必要性をバランスよく書けている。

➡⓫：○　消費者の主体性を提案して締めくくった点がよかった。

神髄 20

　解決策に至るまでの、現状の紹介から背景の分析といった流れを大切にしよう。

地方創生

住み続けられるまちづくり

頻出ランク ★★★★★

これがテーマの 神髄 だ！

★地方創生って何？

- 定義
  : 「地方の魅力を高めて人口流出に歯止めをかけ、東京一極集中を改善し、日本全体の活力を上げること」

★なぜ地方創生が必要なのか？

- 地方
  : 人口減少、高齢化、過疎問題、地場産業（伝統産業）の衰退、シャッター商店街化、地方文化の衰退などの解消
- 大都市：人口集中、過密問題、住宅難などの解消

★地方創生の実践と課題

- **UJI ターン**：地方と大都市間における人口移動現象の総称
- ふるさと納税
  : 自分の故郷や支援したい地域への寄付を行なうと、その分が税金から差し引かれるだけでなく、寄付者が特産品などを受け取れる
- SNS の使用による地域の魅力の発信／移住者への支援
- 新型コロナウイルス感染症の感染拡大を受けてテレワークが浸透

★まち・ひと・しごと創生本部の取り組み

- 企業誘致／リモートワークが可能な場所や環境の整備
- オンライン診療／ドローンを使った宅配
- **SDGs**（持続可能な開発目標）（➡ テーマ14 ）でも地方創生がうたわれる

テーマ ［解説］

実際の出題例を見てみよう！

➡解答・解説は p.135 〜

出題例

　地方創生と地方創生政策のあり方について、あなたの考えを述べなさい（300 〜 400 字程度）。

（高崎経済大／改）

★地方創生って何？

　「地方創生」という言葉は、中学の社会科で習いました。私自身は地方に住んでいないので、あまり地方のことを意識する機会はありません。しいて身近な話題を挙げるとすれば、最近、推しアイドルが所属する芸能事務所が地方に移転したことくらいかなあ……

　「地方創生」は、2014年に、第2次安倍晋三政権が発表した地方政策の総称ね。簡単に言うと、「地方の魅力を高めて人口流出に歯止めをかけ、東京一極集中を改善し、日本全体の活力を上げること」（総務省ホームページより）。安倍政権がかかげた経済政策の総称である「アベノミクス」の一環として実施されたため、「ローカル・アベノミクス」とも呼ばれたわ。地方創生は、地方からの人口流出抑制と東京一極集中の解消と同時に、住民が誇りに思えて長く住み続けたくなるような地域づくりもめざしていかなければならないのだから、大変な難事業だと言えるわね。

　同じ2014年には、政策提言機関である日本創成会議が、「2040年には、全地方公共団体の約半数にあたる896市町村が消滅の危機に直面する可能性がある」という記述を含む報告書を発表したの。衝撃的な内容ね。実際に、2020年4月に、総務省は27道府県の65市町村を過

疎地域として新たに指定しているの。急激な人口減少にともなって起きる過疎問題は、それくらい深刻なのよ。

「過疎」は、地理の教科書にも出てくるよく知られている用語ね。「過疎」とは、一般的には、農山村地域から人口が流出して経済力が低下した状態をさすけれど、国は、過疎法という法律にもとづいて、過疎地域を「人口減少率」「高齢者比率」「財政力指数（地方公共団体の財政力を示す指数）」などの観点から厳密に決めているのよ。

以下の日本地図を見て。

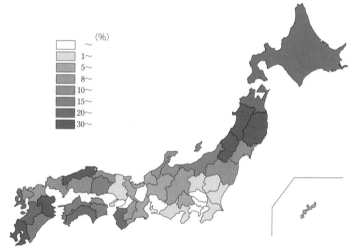

＊ http://ww3.ctt.ne.jp/˜seijiham/kyodo/tosikaso/kasoka/kasoka.html を参考に作成。

過疎市町村人口比率 (2017年)

「過疎市町村人口比率」とは、過疎地域に該当する地域がその都道府県の何％に該当するかという比率よ。2017年の時点で過疎市町村人口比率が20％を超えている道県は、北海道、東北、近畿、中国、四国、九州地方の一部。じつは、日本の全47都道府県がそれぞれの中に過疎地域を抱えているのよ。面積に換算すると、過疎地域は、なんと国土の6割にも及ぶの。

★なぜ地方創生が必要なのか？

　過疎が進み、人口減少が起きると、ある特定の地域で特産品を生み出す地場産業（伝統産業）が衰退したり、地方都市の郊外にある大型店舗との競争に負けた駅前が衰退してシャッター商店街になってしまったり、鉄道や学校、病院、役場などの施設の廃止や統合が進んでいったりするわ。そういった公共サービスの質の低下によって生活の質も悪くなると、不利益を被った住民が社会的弱者になっていくの。その状況に耐えられない彼らがその地域を離れ大都市などへ出ていってしまうと、人口減少がますます加速するという悪循環に陥っていくわ。

　このような状況で取り残されるのは、おもに高齢者。過疎の進行によって電車やバスが廃止されて交通手段を奪われた高齢者が地域の中で孤立し、さらには地域全体が共同体としての機能を維持できなくなってしまうの。この状況は「限界集落」といって、各地で深刻化しているわ。

　また、若い働き手が地元を離れてしまうと、耕作放棄地や手入れされない山林が増えて、自然災害の増加につながる危険性もあるわ。ほかにも、空き家などの遊休不動産が増えたり、地域の祭礼の担い手がいなくなったりして、地方文化の衰退にもつながるわ。地方を存続させるには、人材と資金が必要。さらに、その地域の魅力を高め、新たに住民を呼び込むためにも、地方創生が喫緊の課題となっているのよ。

　一方、問題は、地方だけでなく大都市でも起きているの。大都市への人口集中の結果、人口が増えすぎた状態から生じる過密問題、地価の高騰にともなう住宅難などが深刻化しているわ。

　このように、地方創生は、地方にとってのみならず、**3大都市圏**（首都圏・関西圏・中京圏）のような大都市部にとっても必要な施策なの。

★地方創生の実践と課題

　地方と大都市のあいだでは絶えず人口の移動が起きていることはわかるわね。以下、その現象を表す重要な用語とその定義を示すわ。

- **U ターン**：地方から大都市への移住者が、故郷に戻ること
- **J ターン**
  ：地方から大都市への移住者が、生まれ故郷とは別の地方の中核都市に移住すること
- **I ターン**：大都市から、生まれ故郷でない地方に移住すること
- **UJI ターン**：以上の 3 つの現象の総称
- **V ターン**
  ：地方から大都市への移住者が、出身地とは別の地方に移住すること

　大都市から地方へと人を呼び戻すためには、このようなUJIターンの推進以外にも重要な施策があるわ。

　たとえば、ふるさと納税。これは、自分の故郷や支援したい地域への寄付を行なうと、2,000 円を超えた寄付額が税金から差し引かれるだけでなく、寄付をした人に特産品なども送られてくる、というしくみよ。でも、返礼品の過大な提供は法律に抵触するので、返礼品の金額には上限が設定されているわ。ほかには、SNSの使用による地域の魅力の発信、移住者への支援などの実践例もあるわ。

　近年は、新型コロナウイルス感染症の感染拡大を受けてテレワークが浸透した結果、場所を選ばずに仕事をする人が増えたわね。また、人が多い大都市で心配な「密」を避け、自然が豊かな地域で暮らすことを望む人も増えているわ。移住者を呼び込みたい地方にとっては千載一遇のチャンスよね。

先生の説明をここまで聞くと、地方創生のポイントは、それぞれの地方が個性をいかして、将来安定的に自立していく点にあるように思えます。

　そのとおりよ。実際、政府は地方創生の政策を立ち上げると同時に、その推進のための組織である「まち・ひと・しごと創生本部」を2014年に設置したの。この組織は、毎年「まち・ひと・しごと創生基本方針」を発表しているわ。具体的な取り組みに関する説明は、次の項目に譲るわね。

★まち・ひと・しごと創生本部の取り組み

　この組織が取り組んでいる政策の基本方針は、以下の4つよ。

---

❶　稼ぐ地域をつくるとともに、安心して働けるようにする

❷　地方とのつながりを築き、地方への新しいひとの流れをつくる

❸　結婚・出産・子育ての希望をかなえる

❹　ひとが集う、安心して暮らすことができる魅力的な地域をつくる

（https://www.chisou.go.jp/sousei/kannrennsesaku.html より作成）

　❶については、たとえば農家と就農希望者のマッチングアプリを開発して、新規就農を促している地域もあるわ。ほかにも、企業誘致や、リモートワークが可能な場所や環境の整備も進めたりしているようよ。

　❷については、地方創生推進交付金（まち・ひと・しごと創生交付金）という、移住者への助成金支給制度があるわ。

　❸については、たとえばオンライン診療や、ドローンを使った宅配などを活用して生活の質の向上を図り、「ここに住み続けたい・子育てしたい」と思う住民を増やす施策があるわ。

❹については、住民がその地方独自の生活習慣や文化を誇らしく
PRすることがポイントね。

じつは、国連がかかげた17項目のSDGs（持続可能な開発目標
➡ テーマ14）の1つにも、地方創生に関して「住み続けられるまちづく
りを」という目標が示されているの。この目標は、包摂性（インク
ルーシブ）のある社会の実現をうたっているわ。「包摂性」とは、「さ
まざまな要素を包み込む」という意味。地域の特性をいかしつつ産
業、経済、住民の生活、環境維持などをめざしていくというあり方
が、地方創生の理想かもしれないわね。

出題例の[解答・解説]

　地方創生と地方創生政策のあり方について、あなたの考えを述べなさい（300～400字程度）。

構想メモを書いてみよう！

現状：地方創生の始まり・実践例を紹介する

- 「地方創生」は、安倍晋三政権が打ち出した政策
- UJIターンの推進、ふるさと納税の導入、SNSを使った地域の魅力の発信、移住者支援など

必要性と目的：時事的な話題も適宜織り交ぜる

- 地方からの人口流出の食い止め
- 東京一極集中の改善
- 日本全体の活力の引き上げ
- 新型コロナウイルス感染症の感染拡大➡テレワークが浸透

政策のあり方：SDGsに関連させて論を展開する

- 「まち・ひと・しごと」の3方向からの政策が不可欠
- 地域の特性をいかす
- 住民が誇りをもって長く住み続けたくなるような地域づくりのための政策が肝要
   ➡SDGs（持続可能な開発目標）にもうたわれている

　第1段落で地方創生の始まりと実践例を書き、第2段落でその必要性と目的に迫る。第3段落では政策のあり方をまとめる。

合格点まであと一歩の答案例

　「地方創生」と聞くと、まず「ふるさと納税」が頭に浮かぶ。自分が応援したい自治体に寄付をするというしくみだが、返礼品としてその地域の特産品などが送られてくるため、人気を集めている。

　私は、この試みはとてもよいと思う。なぜかと言うと、その地域の特産品をほかの地域の人びとに知らせるよいきっかけとなるし、何よりも、ふるさと納税の返礼品であるその特産品の生産により力を入れることになる、と考えるからだ。これは、地域おこしにつながるのではないか。

　したがって、政府や各地方自治体は、特産品の生産支援のための政策を策定し、実行していくべきだ。その際には、地域住民の意見をよく聞き、その人たちの収入が増えたり、生活の質が上がっていったりするよう促進していくべきだ。そのような施策が、結果的に魅力ある地域づくりと地方創生につながると思う。

（359字）

全体を通じた コ メ ン ト 🖊

「地方創生」の一例としてふるさと納税を挙げたこと自体は悪くない。しかし、答案例ではふるさと納税がメインテーマになってしまっていて、問題文の要求に応えられていない。書くべきことは、あくまでも「地方創生と地方創生政策のあり方」について。ふるさと納税に引きずられないようにしよう。

答案例への コ メ ン ト 🖊

➡❶：○　地方創生の一例としてふるさと納税を挙げており、具体性のある書き出しになっている。

➡❷：△　ふるさと納税をくわしく説明したこと自体は悪くないのだが、この文以降、この答案全体がふるさと納税の記述へとズレてしまった。

➡❸：✕　❷のズレを引きずって、ふるさと納税への意見を書いてしまっている。

➡❹・❺：✕　この2文の内容自体は悪くないのだが、地方創生の目的からはズレている。

➡❻：○　望ましい地方創生政策を打ち出している。

➡❼：○　住民の声に耳を傾けること、住民を優遇することの大切さを指摘した点もよい。

➡❽：○　地方創生の根本的な理念に言及して締めくくった点もよい。

神 髄 21

　文句なしの合格点がもらえる答案の前提条件は、問題文の要求に沿うことである。そのために必要なのは、問題文をよく読み、尋ねられていることを十分理解したうえで構想を練ってまとめることである。

○現　状

地方創生とは、安倍晋三政権がアベノミクスの一環として打ち出した政策である。UJIターンの推進、ふるさと納税の導入、SNSの使用による地域の魅力の発信、企業の誘致、移住者支援などが実際に行なわれている。

○必要性と目的

地方創生は、地方の過疎化と高齢化によって、地場産業や地方文化の衰退が進む中で地方からの人口流出を食い止め、地方への移住者を増やして東京一極集中を改善し、日本全体の活力を引き上げるためにも必要である。新型コロナウイルス感染症の感染拡大を受けたテレワークの浸透により、人が多い大都市で心配な「密」を避け、自然が豊かな地域で暮らすことを望む人も増えている。

○政策のあり方

地方創生を成功させるための政策とは、「まち・ひと・しごと」の3方向からの支援である。ふるさと納税への返礼品などを通じて、地方の特性と魅力を発信していくことも大切だ。そして、SDGsにもうたわれている「住み続けられるまちづくりを」を実現するために、住民が誇りをもって長く住み続けられるような地域づくりのための政策が肝要である。

(437字)

全体を通じた コメント 🖍

　第1段落では、地方創生の始まりとその実践例を現状として挙げている。第2段落では、地方創生の必要性と目的をまとめている。新型コロナウイルス感染症の感染拡大という時事的な話題を取り上げている点もよい。第3段落では、今後の地方創生政策のあり方に触れている。最後にSDGsとの関連を述べて締めくくっている点もよい判断である。必要な要素が過不足なく盛り込まれており、問題文の要求どおりの答案に仕上がっている。

答案例への コメント 🖍

➡❶：○　地方創生の政策としての位置づけから述べ始めている。

➡❷：○　実践例が無駄なくまとめられている。

➡❸：◎　地方創生の必要性がしっかり書けており、説得力のある内容になっている。

➡❹：○　新型コロナウイルス感染症の感染拡大という時事的な話題を取り上げている。

➡❺：○　地方創生を成功させるためのキーワードが提示できている。

➡❻：△　❺との関連性が弱いが、許容範囲。

➡❼：○　受験小論文最頻出テーマの1つであるSDGsとの関連を述べて締めくくっている。

神髄 22

　「ふるさと納税」のように、テーマに関する具体例が浮かびやすい場合には、ついそのキーワードに引っ張られ、メインテーマとして書いてしまうおそれがある。「どこに重点を置くのか」は、構想を練っている段階ではもちろん、答案にまとめている段階でも忘れないでおこう。

テーマ
12

異文化理解と文化相対主義

戦火の中の子どもたち

頻出ランク ★★★★★

これがテーマの 神髄 だ！

★ロシアのウクライナ侵攻が起きた原因

- ●ロシアのウクライナ侵攻：ロシアが2022年に開始したウクライナへの軍事介入➡ウクライナは、ロシアとともにソ連（ソヴィエト社会主義共和国連邦）内の共和国だった
- ●ロシア大統領プーチンは、ウクライナが北大西洋条約機構（**NATO**）に接近するのをきらった
- ●「歴史的一体性」という言葉で武力行使を正当化

★ロシアのウクライナ侵攻の現状

- ●兵士だけでなく、弱者である一般市民にも戦争の被害が及ぶ
  ：軍事施設以外に、家、学校、病院、遊園地なども破壊
- ●人道回廊
  ：交戦を一時停止し住民を安全な場所に避難させるルート
- ●人道的危機：一般市民の犠牲

★戦火の中の子どもたちのために何ができるか？

- ●異文化理解：外国の文化や、相手国の人びととの心情を理解する
- ●文化相対主義：あらゆる文化を等しく尊重する
- ●募金に応じる：きめ細かい支援を長期的に続ける
- ●現在起こっている状況を正しく把握する
  ：戦争に断固抗議するという意識につながる
- ●自分への忠告を素直に聞く：平和と命を大切にする政治指導者の存在と、その人が発揮するリーダーシップが子どもたちを救う

実際の出題例を見てみよう！　　　➡解答・解説は p.147 〜

出 題 例

「戦火の中の子どもたち」のためにできることは何か、あなたの考えを述べなさい（300 〜 400 字程度）。　　　（順天堂大／改）

★ロシアのウクライナ侵攻が起きた原因

あすは母の日なので、きょうカーネーションを買いに行ったら、去年の倍くらいの値段でびっくり！　現在、ロシア領空内に飛行禁止令が出ていてロシア以外を経由しなければならないため、カーネーションの輸入に以前よりも高いコストがかかっているようです。ロシアのウクライナ侵攻は、いろいろなところに影響が出ていますね。

「去年の倍くらいの値段」というのは驚きね。カーネーションは、子どものお小遣いで買える程度の値段であるべきなのに。

　カーネーション高騰の直接の原因は、ロシア（ロシア連邦）のウクライナ侵攻ね。これは、2022年にロシアが開始したウクライナへの軍事介入のこと。この武力行使に関するニュースが連日のように報道されているわ。

　このニュースに触れて私の頭に浮かぶのは、1970年に公開されたソフィア・ローレン主演の映画『ひまわり』。ここに出てくるヒマワリ畑はウクライナで撮影されているの。この当時、ウクライナはロシアと同じくソ連（ソヴィエト社会主義共和国連邦）内の共和国だったの。テーマ曲とともにたくさんのヒマワリが揺れるシーンがとても印象的な映画よ。

じつはこの映画、ソ連とアメリカ、イタリア、フランスとの合作なの。当時は、ソ連などの社会主義陣営（東側陣営）と、アメリカ、西欧などの資本主義陣営（西側陣営）が武力を交えずに対立するという冷戦の時期。映画が成立したこのような時代背景は知っておくといいわ。

きのう見たニュースでは、ウクライナの遊園地が破壊されたようすと、爆撃によって親を失い、泣きさけぶ子どもの姿が流れていました。そもそも、どうしてロシアのウクライナ侵攻が始まってしまったのですか？

　まだ停戦・終戦に至っていないし、さまざまな専門家がいろいろな角度から原因を解明している最中なので、確たることは言えないの。とりあえず、以下では、ロシア、アメリカ、ヨーロッパの3者関係を整理しました。

❶　第二次世界大戦の終結➡冷戦へ

　1945年に第二次世界大戦が終結すると、戦勝国であるアメリカとソ連は、それぞれ資本主義陣営と社会主義陣営に分かれて自分たちの陣営に他国を取り込むことによって覇権争いを活発化させたの。

　ヨーロッパにおいては、アメリカが西欧諸国を、ソ連が東欧諸国を支援した結果、ヨーロッパは西側陣営と東側陣営に分断され、それぞれの陣営内の軍事的な結びつきが強化されてしまったの。西側諸国で結成された軍事同盟が北大西洋条約機構（NATO：ナトー）、東側諸国で結成された軍事同盟がワルシャワ条約機構（WTO）。こうして冷戦構造が明らかになったのね。

　ヨーロッパにおける東西分断の象徴的な出来事は、ベルリンの壁の建設。これによってベルリンが東ドイツ側と西ドイツ側に隔てられてしまったことは、あまりにも有名ね。

❷ 冷戦の終結

1989年のベルリンの壁開放がきっかけとなり、翌年に東西ドイツの統一が実現。同じ1989年には、ペレストロイカという改革を実行したソ連共産党書記長ゴルバチョフと、アメリカ大統領ブッシュ（父）との会談であるマルタ会談で冷戦の終結が宣言されたの。その後は、**ワルシャワ条約機構解消**➡ロシア、ウクライナなどによる**独立国家共同体（CIS）**の形成➡ソ連解体という事態が続いたわ。

❸ 冷戦の終結後の世界

冷戦の終結後、NATOはエストニア、ラトビア、リトアニア、ルーマニア、ブルガリア、クロアチア、北マケドニア、モンテネグロ、アルバニアなど、旧ソ連の勢力下にあった国ぐにを次々に取り込み、その波はやがてウクライナにも及んだの。

ウクライナは、ソ連内の共和国の中ではロシアに次いで2番目に人口が多い国だったの。冬になっても海面が凍結しない不凍港であるセヴァストポリもある。だから、ロシア大統領プーチンは、地理的に恵まれて、ロシアと国境を接するウクライナがNATOに接近するのをきらったの。そこで、ウクライナがNATO側に取り込まれそうになると、ロシアはウクライナ向けの天然ガスの価格を引き下げ「そっちに行くなよ」と引き止めたの。

でも、2014年にウクライナで親ロシア政権が崩壊すると、ロシアは、セヴァストポリを含むクリミア併合を断行してしまったの。その結果、ロシアとウクライナの経済関係が途切れたため、ロシアは、ウクライナに対して影響力を及ぼす最終手段として、「偉大なロシア」をめざすべく、2022年に一方的な現状変更を求める暴挙に出たのよ。

ロシアのウクライナ侵攻を遂行する前に、プーチンは『ロシア人とウクライナ人の歴史的一体性について』という論文を配信したの（その後、削除）。「歴史的一体性」とは、「ウクライナはもともとロシアと一体ではないか。われわれは親子、いや兄弟である」ということ。この言葉でプーチンは武力行使を正当化してしまったのよ。

このように、ロシアのウクライナ侵攻が起きた背景はとても複雑なの。ここまでに挙げた第二次世界大戦の終結、ソ連解体、冷戦の終結後における秩序構築の失敗などが要因として複雑にからみ合っていて、もしかしたら、ソ連が誕生したロシア革命にまでさかのぼる必要があるかもしれない。このように、近年の戦争・内戦・紛争は、さまざまな要因が蓄積されて起きるの。

★ロシアのウクライナ侵攻の現状

　いつの時代のどんな戦争であっても、一般市民が犠牲になりますね。その中でも、子どもや高齢者や女性がとくに被害を受けますね。そんなの、理不尽だわ！

　本当にそうね。ロシア側は当初、ウクライナへ全面降伏を求めていたようだけれど、現在は、停戦の条件として「NATO非加盟」と「武装解除」「民族主義者の排除（「非ナチ」化）」をかかげているようね。それでも合意の方向性が見いだせず、青葉さんも言っているように、兵士が標的になるだけでなく、一般市民にも戦争の被害が及んでいるの。軍事施設以外にも家、学校、病院、遊園地などが破壊されて、多数の犠牲者が出ているわ。開戦当初は、隣国ポーランドに避難する人びとの列や、ヒッチハイクに応じるボランティアの姿などが報道されていたわね。

　この軍事介入で話題になったのが「人道回廊」という言葉。これは、交戦を一時停止して住民を安全な場所に避難させるルートのこと。一般市民の犠牲を減らす、つまり人道的危機を食い止める措置の1つだけれど、交戦が停止されず、機能しなかったこともあったようね。また、仮に人道回廊が機能してシェルター（避難所）に入れたとしても、人びとが停戦・終戦後に焼け野原となった故郷に戻ったら……と思うといたたまれないわ。

シェルターの中どころか、地下鉄の駅にすし詰め状態で避難している子どもたちの姿を見て胸が締めつけられました。私たちにできることってなんですか？

★戦火の中の子どもたちのために何ができるか？

　日本政府が始めたのは、ウクライナから逃れてきた人びとを「避難民」として受け入れること。命の安全を確保するには最善の方法ね。実際に、政府専用機を使ったり親戚などに頼ったりして来日した人がいるわ。でも、人数的に多いとは言えないの。

　さらに、日本政府は、彼らに対して、住居を確保したうえで生活費、医療費、通訳、日本語教育、仕事の斡旋などを支援していくと表明したわ。勉強や研究がままならなくなった学生や研究者を支援する大学もあるようよ。留学生として渡航費や生活費を支給して一時的に受け入れる、留学生用のオンライン授業カリキュラムを作成する、などの取り組みがあるわ。

　避難民を受け入れる際に大切なことは、食文化をはじめとする生活習慣を尊重するのはもちろん、相手国の文化や人びとの心情を理解すること、つまり、異文化理解。私たちの中には、ウクライナの人びとに対して、「命がいちばん大切なのだから、降伏すればいいのに」という気持ちをいだく人がいるかもしれないけれど、そう考えることは、ウクライナの人びとの誇りを傷つけることになってしまうわ。彼らの中には、「祖国のためなら、最後まで戦う。そのためなら自分の命を捨てても惜しくない」と決意した人びとだっているのだから。

　自国の文化を絶対だと思わず、あらゆる文化を等しく尊重するという文化相対主義の立場にもとづけば、私たちの考えの傲慢さに気づくはずよ。文化相対主義は、平和を築くため、そして、人びとの生命や権利を守るために大切なの。不慣れな環境にいるウクライナの人びとに、日本の文化を押しつけてはならないわ。

　うちの学校では、募金の話がもち上がりました。でも、そのときには、いったいどこに寄付するのが最も確実なのか、生徒会役員が迷っていました。

　考えられる窓口は、難民の保護と救済にあたる**UNHCR**（国連難民高等弁務官事務所）、在日ウクライナ大使館、医療や福祉を提供する**日本赤十字社**などね。いまはネット上で資金を募る**クラウドファンディング**の怪しげなサイトがたくさんあって、だまされるおそれがあるから、先生方と話し合って実行してほしいの。

　じつは、青葉さんに先に言われてしまったのだけれど、戦火の中の子どもたちのためにできることの1つ目は、避難民に救援物資の購入代金や生活資金、避難所を提供するための資金の調達に協力すること、つまり、募金に応じること。これは、復興支援にもつながるわ。でも真の人道援助のためには、きめ細かい支援を長期的に続ける必要があるの。

　2つ目は、現在の世界情勢について関心をもつこと。私たち一般市民が戦争の全容を知ることは難しいけれど、原因や背景を少しでも知ろうと努めることが戦争に断固抗議するという意識につながっていくのよ。

　3つ目は、自分を客観視することを忘れず、自分への忠告を素直に聞くこと。みなさんの中には将来、国家や地域の政治指導者になりたい人がいるかもしれないわね。高い地位につくと、人はつい傲慢になり、自分の言うことを何でも聞いてくれるイエスマンしか周囲に置かなくなるのよ。今回もプーチン氏を諫めてくれる人がいなかったのね。平和と命を大切にする政治指導者の存在と、その人が発揮するリーダーシップこそが、戦火の中の子どもたちを救うことにつながると、私は信じます。

出題例の[解答・解説]

出題例 再録

「戦火の中の子どもたち」のためにできることは何か、あなたの考えを述べなさい（300 ～ 400 字程度）。

*今回は、社会科学系小論文の頻出テーマである「ロシアのウクライナ侵攻」を取り上げて構想メモを練り、答案を作成する。

構想メモを書いてみよう！

状 況：ロシアのウクライナ侵攻について述べる

- 2022年、軍事介入開始
- 爆撃で親を失って泣きさけぶ子どもの姿に、胸が締めつけられる

問題文に答える：私たちができることを書く

- 避難民を受け入れる：子どもの生命の安全を確保する
- 募金に応じる
  ：避難民に救援物資の購入代金や生活資金を提供する

注意点：実行に移す際の注意点を挙げる

- 相手の文化や生活習慣などを尊重する
  ：日本の文化を押しつけてはならない（文化相対主義）
- きめ細かい支援を長期的に続ける：真の人道援助

第1段落でロシアのウクライナ侵攻の状況に触れ、第2段落で問題文に答える。第3段落は、実行に移す際の注意点を示して締めくくる。

合格点まであと一歩の答案例

①2022年、ロシアのウクライナ侵攻が始まった。②連日、メディアは悲惨な状況を報道している。③兵士はもちろん、一般市民の犠牲者も数多く出ている。④家、学校、病院、遊園地などが爆撃により破壊され、親を失って泣きさけぶ子どもの姿には、胸が締めつけられる思いがする。

⑤私は戦火の中で苦しむ子どもたちのためにできることとして、募金に応じることを挙げたい。⑥私の学校でも箱が設置され、生徒会が寄付金を募っている。⑦私は寄付金を出したが、ウクライナで起こっている出来事にあまり関心がない生徒もいたことに驚いている。⑧こういったことではいけないと思う。⑨このままでは、いつまでたっても戦火の中で苦しむ子どもたちを救うことはできない。

⑩したがって、募金も大切だが、いま世界で起こっている出来事について関心をもつことも同様に大切である。⑪新聞を読んだり、テレビのニュースを見たりして、現在の世界情勢についてアンテナを張ることが重要ではないだろうか。

(402字)

全体を通じた コメント

「戦火の中の子どもたち」のためにできることとして、募金に応じることを挙げた点はよい。しかし、それ以降の内容にふらつきが見られる。❿では「募金も大切だが、いま世界で起こっている出来事について関心をもつことも同様に大切である」と書かれていて、募金の意義があいまいになっている。答案に一貫性が欠けた点が残念。

答案例への コメント

- ➡❶：○ 「戦火」の具体例としてロシアのウクライナ侵攻を挙げた点はよかった。
- ➡❷：△ ❶を受けて説明しているが、字数稼ぎの印象がある。
- ➡❸・❹：△ 状況の説明がくわしすぎる。どちらか一方でよい。
- ➡❺：○ 募金を挙げた点がよい。
- ➡❻：○ ❺を具体的に説明している。
- ➡❼：✕ 無関心な生徒に対する批判になってしまっている。
- ➡❽・❾：✕ 募金に応じない生徒に対する批判が続いてしまったため、論の展開が脱線してしまっている。
- ➡❿・⓫：✕ ここでも、「募金」から「いま世界で起こっている出来事について関心をもつこと」への脱線が見られる。問題文で要求されている「できること」として述べるのがよい。

神髄 23

　内容にふらつきがなく、一貫性のある答案を書くためには、構想段階でキーワードを決めておくことが大切である。今回のキーワードは、1つ目が「募金」、2つ目が「できること」。このように事前にキーワードを決めておくと、第3段落での脱線が防げたはずである。

合格点がもらえる答案例

● 状　況

①2022年、ロシアのウクライナ侵攻が始まった。②爆撃により親を失い泣きさけぶ子どもの姿をニュースで見るたびに、胸が締めつけられる思いがする。

● 問題文に答える

③戦火の中の子どもたちのためにできることとして、私はまず、避難民を受け入れることを挙げたい。④日本での受け入れ人数はまだ少ないが、何よりも子どもの生命の安全を確保するには最善の方法だと考えるからだ。⑤次に、募金に協力することを挙げたい。⑥それが救援物資の購入代金や生活資金に少しでも役に立てばよいと思っている。

● 注意点

⑦それらを実行に移す際に気をつけることは、第一に、相手の文化や生活習慣を尊重することである。⑧不慣れな環境にいる彼らに日本の文化を押しつけてはならない。⑨第二に、きめ細かい支援を長期的に続けることである。⑩避難民の受け入れにしろ、募金活動にしろ、きめ細かく長く続けていくことが真の人道援助だと言えるのではないだろうか。

(373字)

全体を通じた コメント ✎

　問題文の要求は、「『戦火の中の子どもたち』のためにできること」。第1段落でロシアのウクライナ侵攻の状況に触れ、第3段落で支援を実行に移す際の注意点に触れて締めくくっている点がうまい。しいて言えば、第3段落はもう少し短くし、その分、内容的にメインとなる第2段落に字数を割いてみてはどうか。

答案例への コメント ✎

➡❶：○　「戦火」の具体例としてロシアのウクライナ侵攻を挙げている。

➡❷：○　この文によって、戦火の中の子どもたちに対する支援の必要性に説得力をもたせることができている。

➡❸：○　「できること」の1つ目として、避難民の受け入れを挙げている。

➡❹：○　❸の理由を加えた点がよい。第2段落をもう少し長く書くために、たとえば、❹は、「隣国ポーランドをはじめとするヨーロッパ各国に比べると、距離的な事情もあり、」などの記述を加えるとよい。本問は、第2段落の内容がメインとなっているからである。

➡❺：○　できることの2つ目として、募金への協力を提案した点がよい。

➡❻：△　「役に立てばよいと思っている。」は、感想文然としていて稚拙。たとえば、「役に立つからだ。」のように、前文の理由を示す文に変更し、小論文らしい表現に整えよう。

➡❼：○　注意点の1つ目として適切な内容である。

➡❽：△　❼に新しい情報を付け足すつもりで書いたと思われるが、その意図が達成されていない。この文を削除して❹をくわしく書くのが現実的。

➡❾・❿：◎　注意点の2つ目を、1つ目とは別の角度から指摘しているため、説得力がある。

神・髄 24

　メインとなる内容をくわしく書くよう、字数配分を工夫しよう。

テーマ 13 グローバリゼーションの問題点

医療ツーリズムに立ちはだかる言語と文化の壁 頻出ランク ★★★★★

これがテーマの 神髄 だ!

★グローバリゼーションとは

- グローバリゼーション（グローバリズム）
  ：ヒト、モノ、カネ、情報、サービスなどが国境を越えて自由に行き交う状態➡病原体も移動してしまう

★医療ツーリズムとは

- 医療ツーリズム（医療観光）
  ：医療行為を受けるため他国に行くこと
- 目的：自国では実施困難な手術を受けたい／高度な医療やきめ細かいケアを受けたいなど

★日本における医療ツーリズムの現状と背景

- 医療滞在査証の発給を開始（2011 年〜）
- 背景：国際貢献が果たせる／訪日外国人が増えるというメリット

★日本における医療ツーリズムの問題点

- 医療滞在査証取得手続きの煩雑さ：簡略化が必要
- 言葉の壁／文化の壁（例：ハラール）

★日本における医療ツーリズムの今後のあり方

- 医師不足への懸念：医師の配置を工夫すればクリア可能
- 医療格差拡大を改善：外国人患者には公的医療保険が適用されず、全額自己負担（自由診療）、これをどうするか

テーマ ［解説］

実際の出題例を見てみよう！　　　　➡解答・解説は p.159 〜

出題例

「医療ツーリズム」の現状・背景・問題点・今後のあり方について述べなさい（300 〜 400 字程度）。　　　　　　（近畿大／改）

★グローバリゼーションとは

「グローバリゼーション」って、いろいろな場面で見聞きする言葉ですけれど、うまく説明できません。

　ここで、グローバリゼーションの定義を確認しておきましょう。「グローバリゼーション」は「グローバリズム」と同じ意味で、ヒト、モノ、カネ、情報、サービスなどが国境を越えて自由に行き交う状態。「など」と言ったのは、自由に移動するものがほかにもあるからよ。たとえば、細菌やウイルスなどの病原体。新型コロナウイルス（SARS［サーズ］コロナウイルス2 ➡テーマ15）はヒトの移動によって日本国内にもち込まれたものだから、まさにグローバリゼーションがもたらした災いなの。日本をはじめとした世界各国が新型コロナウイルス感染症（COVID-19）の感染拡大に見舞われたことによって、2020年代に入ってから船舶、飛行機による物理的な移動は減少したけれど、一方でインターネットによる情報のやり取りは増大しているから、グローバリゼーションの進行はとどまることを知らないわね。

　ただし、近年は、行きすぎたグローバリゼーションがもたらす貧富の格差の拡大、環境破壊、社会福祉の後退などに対する反発も見られるの。この動きは「反グローバリゼーション」と言うの。

★医療ツーリズムとは

　国境を越えて移動するものの一例として、以下では「医療」を取り上げていきます。

　青葉さんは、「医療ツーリズム」という言葉を聞いたことがあるかしら？

　……あるような、ないような……「ツーリズム」って、「観光」のことですよね。ということは、「医療観光」と和訳できますよね。

　たしかに、「医療観光」は医療ツーリズムの訳語だけれど、「その国の名所旧跡などをめぐるという目的で他国に行くこと」という意味の「観光」のニュアンスはなくて、正確には「医療行為を受ける目的で他国に行くこと」よ。

　小さい子どもが心臓移植を受けるために外国の病院に行くというニュースを、たまに目にしますよね。あれも、医療ツーリズムの1つなのですか？

　たしかに、医療ツーリズムには子どもの心臓移植も含まれるわね。ただし、臓器提供を受けるレシピエント（移植希望者）に対するドナー（臓器提供者）不足の問題などがあって、医療ツーリズムの事例としてはあまり一般的ではないわ。

　もっと一般的なものとしては、たとえば、性器の形態を外科的に変更する性別適合手術を受けるために日本からタイへ行く事例、容姿を整える美容整形手術を受けるために日本から韓国へ行く事例などがあるわね。わざわざ国境を越えて他国の医療を受けに行くことには、次のページに示したような目的があるわ。

> - 自国では実施困難な手術を受けたい。
> - 高度な医療やきめ細かいケアを受けたい。
> - 安価に手術を受けたい。

★日本における医療ツーリズムの現状と背景

　前項で取り上げたのは、日本から海外へ移動する医療ツーリズムの事例だけれど、もちろん、医療ツーリズムには、外国から日本への移動も含まれるわ。

　外国人が日本の医療に対していだくイメージは、おもに以下の4点よ。

> ❶　日本の医療技術は、他国に比べてレベルが高い。
>
> ❷　日本の医療従事者は、知識・技術にすぐれ、心のこもったきめ細かな医療サービスを提供してくれる。
>
> ❸　日本の医療機関は、自国に比べて待機期間が短く、治療を早く受けられる場合があるため、病気が治る確率が高まると期待できる。
>
> ❹　日本では、国民が等しく最低限の医療を受けることができている。

　❹は国民皆保険の制度がもたらした成果なので外国人には適用されないけれど、❶～❸なら外国人も対象になるわね。

　海外からの医療ツーリズム受け入れを促進するために、日本政府が医療滞在査証の発給を開始したのが2011年。「査証」とは受け入れ先の政府が外国籍の人びとに対して入国を認めるために発給する証明書のことで、「ビザ」とも言うわ。

　このビザ発給件数は、新型コロナウイルス感染症の感染拡大が始まる前までは増加の一途をたどっていたの。日本による医療ツーリズム推進の背景には、世界的な医療ツーリズムの進展、❶・❷に示したような日本の医療水準に対する高い注目と期待があると言えるわ。

近年、日本政府による医療ツーリズムへの取り組みはますます活発化しているわ。2018年には、「訪日外国人旅行者等に対する医療の提供に関する検討会」という組織が発足したの。以下は、同検討会によって提供・実施の対象として定められた医療よ。

- 高度な医療や診断
  - 高度ながん手術や、重粒子線（じゅうりゅうしせん）などを使った放射線療法
  - 医療用ロボットや人工知能（AI ➡ テーマ7）を駆使した治療
- 人間ドックや健康診断
  - PET検査（ポジトロン断層法（だんそうほう））：がんの有無や広がり、他臓器への転移がないかどうかを、細胞を調べることによって診断する検査
  - AIを使った画像診断
- ホスピタリティー（快適さ）やヒーリング（癒（いや）し）を中心とする医療：美容整形、美容形成、出産など

　このように、日本が医療を提供する背景には、<u>国際貢献が果たせる</u>、<u>訪日外国人が増える</u>というメリットがあるの。

★日本における医療ツーリズムの問題点

グローバリゼーションも医療ツーリズムも、時代の流れにかなったとてもよいことだと思うのですけれど、やっぱりコロナ禍（か）が……まだ収束していませんよね……

　本当ね。私が住んでいる地域の病院も、コロナ禍の社会的混乱が起きる前までは世界中の富裕層による医療ツーリズムを期待して専用のフロアを造ったり、専用の研修を受けた医療従事者と通訳を雇ったりして、準備万端だったの。

ここからは、コロナ禍が収束するという前提にもとづいて、医療ツーリズムをさらに進めていくうえでクリアすべき問題点を考えていきましょう。

❶　手続きの煩雑さ

　現在、日本で医療滞在査証を取得するためには、以下のような手続きが必要なの。

- ●患者の身元を保証してくれる機関を探す。
- ●その機関を通じて、受診する医療機関を探す。
- ●身元保証機関が身元保証書を入手する。
- ●査証を申請する。

　以上のような状況から、医療滞在査証取得手続きの簡略化が必要ね。

❷　言葉や文化のちがい

　まず、言葉の壁。日本語では病状を表す擬音語がとても複雑。たとえば、日本の医師が、脳内出血の疑いがある患者に対して「頭がガンガンしますか？」などと尋ねたとしても、外国人患者はスンナリ理解できないと思うの。そのような事態を解消するために通訳を立てるという方法はあるけれど、その場合には、金銭的負担が大きくなる、通訳の能力に個人差があるなどの問題が発生してしまうわ。対応可能な医療機関の増加、対応可能な医療従事者・通訳の育成に努める必要があるわね。

　次に、文化の壁。たとえば、宗教上あるいは風習による理由から男性医師に体を見せることをいやがる女性患者がいるので、対応が必要ね。

　食の問題も、文化の壁に含まれるわ。たとえば、ムスリム（イスラム教徒）は、豚肉を食べることや、正しい調理法にもとづかない料理

を口にすることを禁じられているの。イスラム法で許可されている食材や料理は「ハラール」と言うわ。なお、日本は食のグローバリゼーションが進んでいるため、ハラールにしっかり対応できているという国際的な評価があるの。

★日本における医療ツーリズムの今後のあり方

❶ 医師不足への懸念

現在、日本は医師不足の問題を抱えているのに、これから訪日する外国人患者への対応に医師の労力が使われたら、日本人患者への医療提供が手薄になってしまうのではないか、と懸念する声が上がっているの。でも、少子化と人口減少が進む日本においては、医師の配置を工夫すれば医師不足の問題がクリアできるのではないかと、私は考えるわ。

❷ 医療格差拡大への懸念

日本では、日本人患者に対しては、国民皆保険のもとで公的医療保険による診療が行なわれているの。一方、外国人患者は、公的医療保険が適用されないため、原則として全額自己負担という自由診療なの。だから、「富裕層にあたる外国人のための医療」と「そうでない外国人のための医療」に分かれるおそれがあるの。

反対に、日本の富裕層が自分にふさわしい医療を求めて海外に出ていく可能性もあるわ。政府は、ポストコロナ（➡テーマ16）の政策として、訪日外国人旅行者、つまりインバウンドの増加を図っているけれど、医療ツーリズムの進展が海外に出ていく人びと、つまりアウトバウンドの増加につながり、日本国内の医療にとってマイナスの事態が起きるという懸念があるの。

出題例の[解答・解説]

出題例 再録

「医療ツーリズム」の現状・背景・問題点・今後のあり方について述べなさい（300 〜 400 字程度）。

構想メモを書いてみよう!

現状と背景：現状を説明し、背景を分析する

- グローバリゼーションが進む中、国境を越えて移動するものの1つに「医療」がある
- 医療ツーリズムは「医療観光」と訳される。これは、医療行為を受けることを目的に日本と外国を行き来することである
- 日本では2011年から医療滞在査証の発給を開始した
- 日本の高度な医療やきめ細かいケアを提供することで国際貢献やインバウンドの増加につながる
- 自国に比べて日本の医療機関は待機期間が短く、早く治療を受けられる場合があり、病気が治る確率が高まると期待できる

問題点と今後のあり方：問題点を分析し、今後のあり方を指摘する

- 煩雑な医療滞在査証取得手続きの改善
- 言葉の壁／文化の壁／医療格差拡大への懸念
- 対応可能な医療機関の増加／対応可能な医療従事者・通訳の育成

書くべき内容に対して指定字数が少なめなので、2段落で構成しよう。第1段落で現状と背景、第2段落で問題点と今後のあり方を述べる。

合格点まであと一歩の答案例

グローバリゼーションが進む中、国境を越えて移動するものの1つに「医療」がある。医療ツーリズムは「医療観光」と訳され、これは、医療行為を受けることを目的に日本と外国を行き来することである。医療ツーリズムの背景としては、次のことが考えられる。第一に、日本の高度な医療やきめ細かいケアを提供することで国際貢献やインバウンドの増加につながる。第二に、自国に比べて日本の医療機関は待機期間が短く、治療を早く受けられる場合もあるため、病気が治る確率が高まると期待できる。

一方、医療ツーリズムの問題点には、医療滞在査証取得手続きの煩雑さ、言葉の壁と文化の壁、公的医療保険が適用されない自由診療による医療格差の拡大への懸念などが考えられる。したがって、今後の医療ツーリズムのあり方としては、まず、医療滞在査証取得手続きの簡略化が必要である。また、医療ツーリズムに対応可能な医療機関の増加とともに、医療従事者・通訳の育成も必要である。

(408字)

全体を通じた コ メ ン ト 🖉

　この答案が「合格点まであと一歩」になってしまった理由は、書き出しにある。問題文が要求している「『医療ツーリズム』の現状」の説明として、日本では医療滞在査証が発給されているという内容を表す1文を加える必要があった。一方、❷で説明されている医療ツーリズムの定義は入れなくてもよい。

答案例への コ メ ン ト 🖉

➡❶：〇　医療ツーリズムをグローバリゼーションの一例として挙げている点がよい。

➡❷：△　上述のとおり、医療ツーリズムの現状に関する説明としては物足りない。

➡❸：〇　医療ツーリズムが活発化する背景の説明が始まることを表明している。

➡❹：〇　背景の1つ目として、医療ツーリズムのメリットを挙げている。

➡❺：〇　背景の2つ目を1つ目とは別の角度から取り上げており、視野の広さがうかがえる。

➡❻：〇　医療ツーリズムの問題点が3つの角度からそれぞれ簡潔に表現できている。

➡❼：〇　医療ツーリズムの今後のあり方として、問題点の解決策が提示できている。

➡❽：〇　❼とは別の角度から問題点の解決策を述べて締めくくっている点がうまい。

神 髄 25

　問題文が要求する「現状」「背景」「問題点」「今後のあり方」は、すべて盛り込もう。1つでも取りこぼすと採点されないおそれがある。

合格点がもらえる答案例

●現状と背景

　グローバリゼーションが進む中、国境を越えて移動するものの1つに「医療」がある。日本では、医療行為を受けることを目的に日本と外国を行き来するという医療ツーリズムに対応するために、2011年から医療滞在査証の発給を開始している。医療ツーリズムの背景としては、次のことが考えられる。第一に、日本の高度な医療やきめ細かいケアを提供することで国際貢献やインバウンドの増加につながる。第二に、日本の医療機関は待機期間が短く、治療を早く受けられる場合もあるため、病気が治る確率が高まると期待できる。

●問題点と今後のあり方

　一方、医療ツーリズムの問題点には、医療滞在査証取得手続きの煩雑さ、言葉の壁と文化の壁、公的医療保険が適用されない自由診療による医療格差の拡大への懸念などが考えられる。したがって、今後の医療ツーリズムのあり方としては、まず、医療滞在査証取得手続きの簡略化が必要である。また、医療ツーリズムに対応可能な医療機関の増加とともに、医療従事者・通訳の育成も必要である。

(419字)

全体を通じた コメント ✎

　第1段落で「医療ツーリズム」の現状と背景を述べている。背景の説明には、医療ツーリズムのメリットも盛り込まれている。第2段落は、問題点を指摘するとともに今後のあり方も説明されていて、一貫性のある内容に仕上がっている。

答案例への コメント ✎

➡❶：〇　医療ツーリズムをグローバリゼーションの一例として挙げている点がよい。

➡❷：〇　医療ツーリズムに関する現状が説明できている。

➡❸：〇　医療ツーリズムが活発化する背景に関する説明が始まることを表明している。

➡❹：〇　背景の1つ目として、医療ツーリズムのメリットが挙げられている。

➡❺：〇　背景の2つ目を1つ目とは別の角度から取り上げており、視野の広さがうかがえる。

➡❻：〇　医療ツーリズムの問題点が、3つの角度からそれぞれ簡潔に表現できている。

➡❼：〇　医療ツーリズムの今後のあり方として、問題点の解決策が提示できている。

➡❽：〇　❼とは別の角度から問題点の解決策を述べて締めくくっている点がうまい。

神髄 26

　指定字数の中で必要な要素を盛り込むには、表現を簡略化したり、反対に表現をふくらませたりするテクニックが要求される。練習を積む過程で身につけていこう。

テーマ
14

持続可能な開発目標（SDGs）

考えよう、行動しよう

頻出ランク ★★★★★

これがテーマの 神髄 だ！

★SDGsとは

- **SDGs**（持続可能な開発目標）

  ：現世代の必要を充足する開発・発展のあり方を示す指針

- **SDGsの目的**：環境破壊を食い止める／資源の収奪や労働力の搾取を阻止する➡人類が住み続けられる場所として地球を維持する

★気候変動の現状

- 地球温暖化：地球の気温上昇によって自然環境に各種の悪影響を与える現象➡海水面の上昇や予測不能な気候変動をもたらす

- 気候変動：気温と気象パターンの長期的シフト

★気候変動の原因

- 化石燃料（石油、石炭、天然ガスなど）の燃焼による温室効果ガス（二酸化炭素、メタン、フロンなど）の過剰発生

- 温室効果ガスが人類の生命を脅かしている➡削減が必要

★気候変動への具体的な対策

- 世界的な取り組み：京都議定書／パリ協定

- カーボンニュートラル

  ：二酸化炭素などの排出を実質的にゼロにする

- 低炭素社会の実現＝「脱炭素」／再生可能エネルギー、水素やアンモニアの活用

  ➡個人レベルの取り組みとしては、電気自動車の購入など

テーマ [解説]

➡解答・解説は p.171～

実際の出題例を見てみよう!

出題例

気候変動の現状・原因・対策を述べなさい（300～500字程度）。

（岩手大／改）

★ SDGs とは

近年「SDGs」って言葉を聞かない日はありません。学校にもポスターが貼ってあります。目標がたくさんあるのですよね。

SDGs（持続可能な開発目標）は、正確には「環境的に見て健全で維持可能な発展目標」という意味で、現世代の必要を充足する開発・発展のあり方を示す指針よ。その目的は、環境破壊を食い止め、資源の収奪や労働力の搾取を阻止し紛争や差別をなくすことによって、人類が住み続けられる場所として地球を維持することにあるわ。

番号	目　標	キーワード	内　容
❶	貧困をなくそう	貧困	あらゆる場所のあらゆる形態の貧困を終わらせる。
❷	飢餓をゼロに	飢餓	飢餓を終わらせ、食料安全保障および栄養改善を実現し、持続可能な農業を促進する。
❸	すべての人に健康と福祉を	保健	あらゆる年齢のすべての人びとの健康的な生活を確保し、福祉を推進する。

番号	目　標	キーワード	内　容
❹	質の高い教育をみんなに	教育	すべての人びとに包摂的かつ公正な質の高い教育を確保し、生涯学習の機会を促進する。
❺	ジェンダー平等を実現しよう	ジェンダー	ジェンダー平等を達成し、すべての女性および女児のエンパワーメント（個人がもっている潜在能力を引き出して発揮させること）を行なう。
❻	安全な水とトイレを世界中に	水・衛生	すべての人びとの水と衛生の利用可能性と持続可能な管理を確保する。
❼	エネルギーをみんなに。そしてクリーンに	エネルギー	すべての人びとの、安価かつ信頼できる持続可能な現代的なエネルギーへのアクセスを確保する。
❽	働きがいも経済成長も	経済成長と雇用	包摂的かつ持続可能な経済成長、およびすべての人びとの完全かつ生産的な雇用とディーセント・ワーク（人間らしい雇用）を促進する。
❾	産業と技術革新の基盤をつくろう	インフラ、産業化、イノベーション（技術革新）	レジリエンス（持続性、柔軟性など）があるインフラ構築、包摂的かつ持続可能な産業化の促進、およびイノベーションの推進を図る。
❿	人や国の不平等をなくそう	不平等	国内および各国家間の不平等を是正する。
⓫	住み続けられるまちづくりを	持続可能な都市	包摂的で安全かつレジリエントで（強靱な）持続可能な都市、および人間居住を実現する。

番号	目　標	キーワード	内　容
⓬	つくる責任・つかう責任	持続可能な生産と消費	持続可能な生産・消費形態を確保する。
⓭	気候変動に具体的な対策を	気候変動	気候変動およびその影響を軽減するための緊急対策を講じる。
⓮	海の豊かさを守ろう	海洋資源	持続可能な開発のために海洋資源を保全し、持続可能な形で利用する。
⓯	陸の豊かさも守ろう	陸上資源	陸域生態系の保護・回復・持続可能な利用の推進、森林の持続可能な管理、砂漠化への対処、ならびに土地の劣化の阻止・回復および生物多様性の損失を阻止する。
⓰	平和と公正をすべての人に	平和	持続可能な開発のための平和で包摂的な社会の促進、すべての人びとへの司法へのアクセス提供、およびあらゆるレベルにおいて効果的で説明責任（アカウンタビリティ）のある包摂的な制度の構築を図る。
⓱	パートナーシップで目標を達成しよう	実施手段	持続可能な開発のための実施手段を強化し、グローバル・パートナーシップを活性化する。

（内閣府地方創生推進事務局「地方創生に向けた自治体 SDGs の推進について」を参考に作成）

このテーマ14では⓭「気候変動に具体的な対策を」を取り上げます。

★気候変動の現状

世界気象機関（WMO）が作成した「2050年の天気予報」という動画を見たときの衝撃は、いまも忘れられないわ。「メリー・クリスマ

ス！　夏の熱波の影響で、紅葉(こうよう)の中のクリスマスですね！　トナカイさんと中継を結んでみましょう。トナカイさん！」というニュースキャスターの発言で始まる動画なのだけれど、そのトナカイは、地球温暖化の影響で、えさとなるコケが減少したことによって餓死していた、という内容なの。

　地球の気温上昇によって自然環境に各種の悪影響を与える現象である地球温暖化は、海水面の上昇や、予測不能な気候変動をもたらしているわ。海水面の上昇によって、たとえば、ツバルやパプアニューギニアは国土水没のおそれがあるの。

「気候変動」については、国連が「気温と気象パターンの長期的シフト」と定義しているの。具体的には、気温の上昇、干ばつの増加など。これらは「異常気象」でもあるわね。

　気温の上昇が起きると、マラリア、デング熱、日本脳炎(のうえん)、ジカ熱などの疾病も広がるの。これは、マラリアの原虫、あるいはデング熱・日本脳炎・ジカ熱の原因ウイルスを運ぶ蚊の大量発生が原因よ。

　日本における気温の上昇の例として顕著なのは、夏に最高気温が35℃を超える猛暑日の増加ね。あまりの暑さにより、熱中症で倒れて救急搬送されたり、亡くなったりする人が増えているわ。また、都市域の気温が周囲の郊外よりも高くなるというヒートアイランド現象も、大都市圏を中心に起きているわ。

　世界中で増えている干ばつの原因の1つは、ラニーニャ現象。これは、南アメリカのペルー・エクアドル沿岸の太平洋で水温低下が起こる一方、発達した太平洋高気圧が酷暑をもたらすという現象なの。

★気候変動の原因

　気候変動は、自然現象によって発生するケース以外にも、1800年代以降はおもに人類の活動によって起きているの。主要な原因は、化石燃料（石油、石炭、天然ガスなど）の燃焼による温室効果ガスの過剰発生。これは、人類が便利で快適な生活を求めたことの代償ね。

じつは、私たちが暮らすことができるのは、まさに温室効果ガスのおかげ。地球は空気の薄い膜（大気）に覆われていて、その空気に含まれているのが二酸化炭素、メタン、フロンなどの温室効果ガス。太陽の光で温められた地球の表面からは宇宙空間に向けて熱放出が起こるけれど、その熱が逃げすぎないよう温室効果ガスが調節してくれるから、地球は人類をはじめとする生物が住める温度を保てるの。もし温室効果ガスがなかったら、地上の温度は−18℃になってしまうと言われているのよ。でも、まさにその温室効果ガスが人類の生命を脅かしているのだから、地球温暖化防止のためには温室効果ガスを削減するしかないわけね。

★気候変動への具体的な対策

　あらゆる生物の命を脅かす気候変動に対してはさまざまな研究で危機が訴えられ、条約の締結によって対策が講じられてきているの。以下、おもな研究と世界的な取り組みを、ざっと紹介するわ。

1967 年	眞鍋淑郎氏が、二酸化炭素濃度が倍になった場合の温室効果をはじめて定量的に予測。この功績により、2021 年にノーベル物理学賞を受賞
1992 年	国連環境開発会議（地球サミット）で気候変動枠組条約が採択される
1997 年	京都議定書が採択され、日本には、1990 年比 6％の温室効果ガス排出削減義務が課される
2015 年	第 21 回気候変動枠組条約締約国会議（COP21）開催。京都議定書（2020 年失効）に代わり 2020 年以降の温室効果ガス排出削減目標を定めたパリ協定が採択される
2021 年	第 26 回気候変動枠組条約締約国会議（COP26）開催。産業革命前からの気温上昇を 1.5℃以内に抑える努力義務が盛り込まれる。出席した岸田文雄首相は、二酸化炭素などの排

出を実質的にゼロにするというカーボンニュートラルへの取り組みを表明する

SDGs採択時の誓いは「だれ1人取り残さない」だったそうですね。私たちはこれから、気候変動対策として、どんなことに取り組めばよいのでしょうか？

　キーワードは、低炭素社会実現に向けた「脱炭素」の動き、つまり、二酸化炭素を排出する化石燃料依存からの脱却よ。これらには、国際社会や日本政府のレベルで取り組む必要があるわ。たとえば、太陽光、太陽熱、風力など、自然現象の中で繰り返し使える再生可能エネルギーだけでなく、水素やアンモニアなども活用していくことが必要ね。水素やアンモニアは、燃焼させても二酸化炭素を排出しないから、次世代エネルギーとして期待されているの。

　コロナ禍からの復興とあわせて低炭素社会への対策も行なうという「グリーンリカバリー」の動きも世界中に広がっているわ。日本でも、ガソリンスタンドを水素ステーションなどの代替燃料スタンドに転換する取り組みが見られるわね。

　個人レベルの取り組みとして欠かせないのが「省エネルギー」。たとえば、衣服の軽装化であるクール・ビズと過度な暖房を控えるウォーム・ビズの継続、省エネルギー家電やガソリン車の代替となる電気自動車の積極的な購入、住居の断熱強化などが挙げられるわ。

　そもそも、なぜ気候変動対策が必要なのか？　それは、次世代に生きる人びとが安全かつ快適な環境で暮らせるよう配慮する必要があるからよ。だから、1人ひとりが考え、なおかつ行動していくことが大切だと思うの。

出題例 の [解答・解説]

出題例 再録

気候変動の現状・原因・対策を述べなさい（300 〜 500 字程度）。

構想メモを書いてみよう！

●現 状：気候変動の現状を述べる

- 地球上のあらゆる場所で気候変動が発生している
- 日本では、最高気温が35℃を超える猛暑日が増えている
- 熱中症で救急搬送されたり、死亡したりする人も増えている

●原 因：気候変動が発生する原因を分析する

- 気候変動の原因は地球温暖化
- 温暖化をもたらすのは温室効果ガス
- 温室効果ガスが人類の生命を脅かしている

●対 策：気候変動への対策を講じる

- 低炭素社会実現のために「脱炭素」を進める
- 化石燃料依存からの脱却
  ：再生可能エネルギーへの転換／水素やアンモニアなどの活用
- 個人レベルでは省エネルギーを進める
  ：クール・ビズやウォーム・ビズの継続／省エネルギー家電や電気自動車の購入など

　問題文の要求に沿って、第1段落で気候変動の現状を述べる。第2段落で原因を分析し、第3段落で対策を講じる。

第4章

21世紀に入ってからは、地球上のあらゆる場所で気候変動が発生している。日本も例外ではなく、たとえば、夏になると最高気温が35℃を超える猛暑日が増加している。そのため、熱中症で救急搬送されたり、死亡したりする人が増えている。

私たちは、気候変動対策として、低炭素社会実現をめざして「脱炭素」を進めるべきである。具体的には、第一に、個人レベルで省エネルギーを進める必要がある。たとえば、クール・ビズやウォーム・ビズを継続するとともに、省エネルギー家電や電気自動車を積極的に購入すべきである。第二に、政府・自治体・企業が再生可能エネルギーへの転換を進めていくべきである。欧米を見習って、太陽光や風力の使用を重視すべきである。第三に、燃焼させても二酸化炭素を排出しない水素やアンモニアなども活用していくべきである。

人類の生命が脅かされているため、できるだけ迅速に気候変動対策を進めていく必要がある。

(392字)

　問題文では「気候変動」の「現状」「原因」「対策」の3つが要求されている。この答案は、「現状」と「対策」は書けていて、「ほぼ」合格である。なぜ「ほぼ」なのかと言うと、「原因」にまったく触れていないという点で「あと一歩」だからである。対策を講じるためには原因の分析が不可欠である。「地球温暖化」「温室効果ガス」をキーワードとして、短くともよいので原因に触れるべきであった。

| 答案例への | コ | メ | ン | ト |

➡❶：○　気候変動の発生について触れている。

➡❷：○　具体例として、日本における猛暑日の増加を挙げている。

➡❸：○　猛暑日の増加によってどのような被害が生じているのかを書いている。

➡❹：△　気候変動の対策として、「脱炭素」を挙げた点はよいが「現状」の次に「原因」を分析することなく「対策」を書いてしまっている。気候変動の原因についての記述を、❸と❹のあいだに加えるべきである。

➡❺：○　対策の1つ目として、省エネルギーを取り上げている。

➡❻：○　❺の具体例を挙げている。

➡❼：○　対策の2つ目として、再生可能エネルギーを取り上げている。

➡❽：○　❼の具体例を挙げている。

➡❾：○　対策の3つ目として、水素やアンモニアの活用を挙げている。

➡❿：○　気候変動対策の必要性を主張して締めくくっている。

第4章

神・髄 27

　「対策」が問われている場合には、対策に関する説明の前に「原因」の分析を書いておくと、対策の内容に説得力が増す。

現　状

①21世紀に入ってからは、地球上のあらゆる場所で気候変動が発生している。②日本も例外ではなく、たとえば、夏になると最高気温が35℃を超える猛暑日が増加している。③そのため、熱中症で救急搬送されたり、死亡したりする人が増えている。

原　因

④気候変動の原因は地球温暖化であり、それをもたらすのは温室効果ガスである。⑤しかし、地球を、人類をはじめとする生物が住める温度に保ってくれているまさにその温室効果ガスが、人類の生命を脅かしているのである。

対　策

⑥私たちは、気候変動対策として、低炭素社会実現をめざして「脱炭素」を進めるべきである。⑦まず、化石燃料依存から脱却するため、再生可能エネルギーへの転換を進めていく。⑧また、燃焼させても二酸化炭素を排出しない水素やアンモニアなども活用していくべきだ。⑨もちろん、私たち1人ひとりにも、二酸化炭素排出を減らすための努力が欠かせない。⑩個人レベルでも省エネルギーを進める必要がある。⑪たとえば、クール・ビズやウォーム・ビズを継続するとともに、省エネルギー家電や電気自動車を積極的に購入すべきである。

(449字)

全体を通じた コ メ ン ト

　第1段落で「気候変動」の「現状」として、猛暑日の増加による熱中症を取り上げている。第2段落で「原因」に触れ、第3段落で「対策」を講じている。国際社会や日本政府のレベルで取り組むべきことと、個人レベルで取り組むべきことの双方を挙げている点がよい。

答案例への コ メ ン ト

➡❶：○　気候変動の発生について触れている。

➡❷：○　具体例として、日本における猛暑日の増加を挙げている。

➡❸：○　猛暑日の増加によってどのような被害が生じているのかを書いている。

➡❹：○　気候変動の原因を、「地球温暖化」「温室効果ガス」の2つのキーワードから分析している。

➡❺：◎　❹をよりくわしく説明するとともに、温室効果ガスにもメリットがある点に触れているところが秀逸。

➡❻：◎　気候変動の対策として「脱炭素」を挙げた点がとてもよい。

➡❼：○　対策の1つ目として、再生可能エネルギーへの転換を取り上げている。

➡❽：○　対策の2つ目として、水素やアンモニアの活用を挙げている。

➡❾：○　対策の3つ目として、1人ひとりの努力という、❼・❽とは別の角度を取り入れている。

➡❿・⓫：○　❾を具体的に説明して締めくくっている。

神 髄 28

　「現状」➡「原因」➡「対策」の流れで書き進めていくと、論理性と一貫性がある答案に仕上がる。

テーマ 15 パンデミックにどう向き合うか

人類の歴史は感染症との闘いの歴史

頻出ランク ★ ★ ★ ★ ★

これがテーマの 神髄 だ！

★パンデミックとその歴史

- 新型コロナウイルス感染症（COVID-19）

  ：SARS コロナウイルス 2 が原因。接触感染・飛沫感染・空気感染

- パンデミック：感染症の世界的な大流行

- 天然痘・ペスト（黒死病）・コレラ・スペインかぜ・結核：公衆衛生の改善、ワクチン・治療薬の開発などによって克服

★パンデミックの背景、および感染症の予防策（国・地域レベル）

- 新型コロナウイルス感染症・世界的大流行の背景

  - グローバリゼーション（➡ テーマ13 ）の進展

    ：ヒトやモノなどが国境を越えて絶えず移動

  - 過密：日本では東京一極集中（➡ テーマ11 ）

  - 正体不明の「新型」：予防策・対応策が効かない

- 空港と港湾：入国した感染者が不特定多数に感染させるおそれ

  ➡水際対策

- 検疫：病原体や有害物質に汚染されていないかどうかを確認

★感染症の予防策（個人レベル）

- 個人レベルでの取り組み：「3 密（密集・密接・密閉）」を避ける／手指を消毒する／マスクを着用するなど

- エッセンシャルワーカー：最低限の社会インフラ維持に必要不可欠な労働者➡彼らへの敬意と感謝の念

テーマ [解説]

実際の出題例を見てみよう!

➡解答・解説は p.183〜

出題例

　COVID-19 は世界中にまん延した。パンデミックの影響を受けやすい場所を取り上げ、パンデミックへどのように向き合うべきか、あなたの考えを述べなさい（400〜500字程度）。

（東京医療保健大／改）

★パンデミックとその歴史

新型コロナウイルス感染症は、私たちの日常生活に大きな影響を及ぼしましたよね。いつになったらコロナ前の生活に戻るのでしょう?

　最近の話をすると、政府は、2023年5月8日に新型コロナウイルス感染症の感染症法上の位置づけを、それまでの2類から5類へ移行したの。それにともないマスクの着用は個人の判断に委ねる方針を決定。ただ、医療機関を受診する際や混雑した電車やバスに乗る際などは、いままで同様マスクの着用を推奨しているわ。

　WHO（世界保健機関）によって名づけられた新型コロナウイルス感染症の正式名称は「COVID-19」。「19」という数字は、「2019年」からとられているの。なぜこの情報が入っているのかと言うと、この年に、新型コロナウイルス感染症の原因となる新型コロナウイルス、正式名称SARS（サーズ）コロナウイルス2が発生したと確認されたからなのよ。この年の晩秋に、中国の武漢（ウーハン）市の若い医師が「いままでに見たことのない症状をもった肺炎患者を診察した。みんな気をつけよう」と仲間の医師たちに注意を呼びかけたのだけど、

それ以降、新型コロナウイルス感染症があっという間に全世界にまん延してしまったの。残念なことに、「アウトブレイク」という感染爆発が起きてしまったのね。WHOは、この状況を「パンデミック」と呼んだの。

「パンデミック」とは、感染症の世界的な大流行。新型コロナウイルス感染症は、以下のような経路で拡大することがわかっているわ。

接触感染	ウイルス感染者に直接触れたり、ウイルスが付着した物（ドアノブなど）などに触れた手で目や鼻、口を触ることによって、粘膜（ねんまく）を通じて感染する経路
飛沫感染	ウイルス感染者によるくしゃみ、せき、唾液（だえき）などから出る飛沫を口や鼻から吸い込むことによって感染する経路
空気感染	ウイルスが付着した飛沫よりも粒子径（りゅうしけい）が小さい「エアロゾル」という空気中の微粒子を吸い込むことによって感染する経路

　もっとも、このような感染症は現代に入ってから突然発生し始めたわけではなくて、ずっと昔から絶えず起きているの。人類の歴史は感染症との闘いの歴史だといっても過言ではないのよ。8世紀に書かれた『日本書紀（しょき）』の中にも「京マタ諸国、疫スル者衆（おお）シ（京の都そして日本中、感染症にかかっている人が多い）」という記述があるわ。この「疫スル者」とは、おそらく「天然痘にかかっている人」という意味ね。

　以下は、パンデミックを引き起こしたおもな感染症の説明よ。

天　然　痘	天然痘ウイルスを病原体とする感染症の１つ。全身に疱瘡（ほうそう）を生じさせ、仮に治癒しても瘢痕（はんこん）（あばた）が残る。予防接種であるワクチンによって、現在は根絶されている

ペスト	「黒死病」と呼ばれ、14世紀には世界中で約1億人が死亡。カミュ作『ペスト』の題材
コレラ	1884年、コッホがコレラ菌を発見。日本では「コロリ」と呼ばれておそれられた
スペインかぜ	現在のインフルエンザ。1918～20年に世界的流行。推定死者数は2,000万～5,000万人
結核	1950年代までは、日本人の死亡原因第1位の「国民病」だった。治療薬は、微生物や細菌に作用する抗生物質のストレプトマイシン

　ここまでに挙げた感染症は公衆衛生の改善、ワクチン・治療薬の開発などによって克服されているけれど、なかには、現在でもたびたび発生するウイルスもあるの。たとえば、**SARS**（サーズ）コロナウイルス（重症急性呼吸器症候群の原因）や、**MERS**（マーズ）コロナウイルス（中東呼吸器症候群の原因）などよ。

★パンデミックの背景、および感染症の予防策（国・地域レベル）

　新型コロナウイルス感染症の話題に戻りましょう。

　新型コロナウイルス感染症が世界的に大流行してしまった背景の1つ目は、なんと言ってもグローバリゼーション（➡ テーマ13）の進展。ヒトやモノなどが国境を越えて絶えず移動しているから、当然ウイルスも移動するの。

　2つ目は、特定の都市や地域に人口、政治、経済、文化などの機能が集中するという過密。とくに、日本では東京一極集中（➡ テーマ11）が起き、首都圏の過密が激しいわ。他国でも感染爆発が起きているのはおもに首都などの大都市だから、これが原因であることは明らかね。

　3つ目は、新型コロナウイルスが予防策・対応策が効かないまさに正体不明の「新型」であった点。その結果、誤った情報のまん延や感

染者への差別・偏見も起きているの。

　国語に出てくる漢字書き取りの同音異義語問題みたいだけれど、「終息」とは「完全に終わる」こと。一方、「収束」とは「ある一定の状態に落ち着く」ことなの。

　感染症の「終息」「収束」のために必要な条件は、おもに以下の2つ。

- 大勢の人がウイルスに対する抗体（こうたい）をもつこと（集団免疫（めんえき）の獲得）。
- 安全性と有効性の高いワクチンと治療薬が全世界に行き渡ること。

　仮に感染症が一度「収束」したとしても、ウイルスは絶えず突然変異を続けて新しい性質をもつ変異株（かぶ）に置き換わるから、そのたびに感染が再拡大するおそれがあるの。

　以前、新型コロナウイルス感染症を媒介（ばいかい）するのはコウモリだと言われていたけれど、基本的にはヒトからヒトへの感染。たとえば、空港と港湾は、その国の空と海の玄関口だから、出入国者が多数押し寄せるわね。ここで感染者の入国を食い止めなければ、その人が媒介となって不特定多数に感染させるおそれと、感染経路の特定が困難になるおそれがあるわ。日本の空港と港湾では、入国・帰国時の必要書類の提出、入国後の待機などの行動制限を含む、厳しい水際対策がとられていたの。とりわけ、病原体や有害物質に汚染されていないかどうかを確認する検疫が重要ね。

　感染拡大防止最大のポイントは、ウイルスが飛び交う場所をつくらないこと。以下、集団感染を食い止めるうえで注意を要する場所を挙げたわ。

学　　　校	朝から夕方まで多くの子どもが集団生活を送る。感染者が多数出ると、学校閉鎖・学級閉鎖につながり、学校行事や授業の進行に支障をきたす。また、授業を受けられずクラスメートと会えない児童・生徒が不安に襲われる
公共交通機関	通勤・帰宅ラッシュ時などには、密閉に近い空間に多くの乗客が乗り合わせる
遊興施設・ライブ会場	多くの来場者・観客が、歓声を上げたり、騒いだりする。酒類が提供されると、理性の緩みから感染防止対策への配慮が疎かになる
飲 食 店	飲食時の飛沫によって感染が拡大する。飲酒による解放感から自制心が緩む

　日本では2021年からワクチン接種が開始され、約8割の人が最低1回のワクチン接種をすませたそうよ。治療薬の実用化も進んでいるわね。以下は、ここまでに出てきていない用語のうち新型コロナウイルス感染症に関するキーワードよ。

クラスター（集団感染）	小規模な集団感染や、それによってできた感染者の集団
ロックダウン（都市封鎖）	一定期間、都市を封鎖したり、強制的な外出禁止や生活必需品以外の店舗の閉鎖をしたりする強硬措置
フィジカル・ディスタンス（身体的距離）	以前は、人同士の距離を空けるよう呼びかける「ソーシャル・ディスタンス（社会的距離）」という用語が使われていたが、社会的孤立や精神的な距離感を表すという側面があることから、身体的・物理的距離、および人同士のつながりの確保という観点から、この用語に置き換えられた

★感染症の予防策（個人レベル）

　前項では感染症予防に関する国・地域レベルの取り組みを述べてきたけれど、最後に個人レベルでの取り組みを取り上げるわ。

　感染するのは、結局は個人。だから、究極的には、1人ひとりが感染予防に努めるしかないの。たとえば、「3密（密集・密接・密閉）」を避ける、手指を消毒する、マスクを着用するなどね。

　パンデミックに向き合う姿勢として欠かせないのは、感染のリスクを冒して私たちのために尽力してくれる人びと、つまり、エッセンシャルワーカーへの敬意。エッセンシャルワーカーは、「最低限の社会インフラ維持に必要不可欠な労働者」。たとえば、医療・介護従事者、食品・日用品などの製造販売者、警察官・消防官、空港・港湾職員、公共交通機関の運転士、運送業者、清掃員なども該当するわ。あるいは、オンラインで注文を受けて食事を運ぶ宅配業者の労働者も、ここに含まれるわね。感染のリスクと背中合わせで街中を駆け回る彼らを、若い人が「憧れのアルバイト」に選ぶのもわかるわ。

　まだワクチン接種が始まる前の話。仕事先の廊下にお菓子の包み紙が落ちていたの。拾って捨てようと何気なく手を伸ばしたら、巡回中の清掃員が「先生、触らないでください！」と走り寄ってきて、その人が拾ってくれたのよ。その人のおかげで、私はウイルスがついていた「かもしれない」ごみを拾わずにすんだけれど、その人は、そのときウイルスと接触した「かもしれない」。危険と背中合わせで仕事に励むエッセンシャルワーカーへの感謝の念を片時も忘れてはならないと思ったわ。

　パンデミックは、人びとの健康・安全や公衆衛生だけでなく、個人の倫理観にもかかわるわ。予防策とともに、心のありようも大切ね。

出 題 例 の [解答・解説]

　COVID-19 は世界中にまん延した。パンデミックの影響を受けやすい場所を取り上げ、パンデミックへどのように向き合うべきか、あなたの考えを述べなさい（400〜500字程度）。

構想メモを書いてみよう!

●場所とその説明：具体的な場所と、影響を受けやすい理由を説明する

- 空港と港湾：空と海の玄関口。出入国者が押し寄せる
- 入国した感染者がきっかけとなって、不特定多数に感染が拡大するおそれ➡感染経路の特定も困難に

●パンデミックへの向き合い方：国・地域レベル／個人レベルの取り組みを挙げる

- グローバリゼーションの進展➡水際対策が非常に大切
- 検疫：病原体や有害物質に汚染されていないかどうかを確認
- エッセンシャルワーカーへの敬意と感謝の念
- 個人レベルでの取り組み
  ：ワクチンの接種、手指の消毒、マスクの着用

第
5
章

　第1段落で、パンデミックの影響を受けやすい場所として空港と港湾を取り上げ、ここで感染者の入国を食い止めることの必要性を説明する。第2段落では、国・地域レベルの取り組みだけでなく、エッセンシャルワーカーへの敬意と感謝の念と、個人レベルでの取り組みを強調する。

合格点まであと一歩の答案例

　私は、パンデミックの影響を受けやすい場所として、空港と港湾を挙げたい。　空港と港湾は、空や海の玄関口である。　出入国者が押し寄せる。　たとえば、入国の場合、ここで感染者の入国を食い止めなければ、その人の入国がきっかけとなって、不特定多数に感染が拡大するおそれがあるし、感染経路の特定も困難になる。　では、私たちはパンデミックにどのように向き合うべきであろうか。　私の考えを示したい。

　グローバリゼーションが進み、人や物が国境を越えて行き交う中では、このような場所での水際対策が非常に大切である。　したがって、病原体や有害物質に汚染されていないかどうかを確認する検疫を徹底し、感染者の出入国を食い止めなければならない。　さらには、このような場で働く人たち、つまり、エッセンシャルワーカーが感染のリスクを冒して私たちのために尽力していることに対する敬意と感謝の念を忘れてはならない。　あわせて、私たち1人ひとりも、ワクチンの接種、手指の消毒、マスクの着用などに努めなければならない。　これらが、私が考える、パンデミックへの向き合い方である。

(458字)

全体を通じた コ メ ン ト

　答案そのものは問題文の要求に沿って書けているが、構成面に無駄が多い。❺・❻のような内容は、指定字数が少ない場合には、省略してもかまわない。⓫も、ここまでの内容と重複しているので、不要である。

答案例への コ メ ン ト

➡❶：○　パンデミックの影響を受けやすい場所を挙げている。

➡❷・❸：○　❶をくわしく説明している。

➡❹：○　空港と港湾で感染を食い止める必要性がある点を述べている。

➡❺・❻：✕　本問は、答案に書くべきことが明らかであるため、わざわざこのような論点を設定する必要はない。

➡❼：○　空港と港湾での水際対策の重要性を述べている。

➡❽：○　検疫の徹底を主張している。

➡❾：◎　エッセンシャルワーカーへの敬意と感謝の念に触れている点がとてもよい。

➡❿：○　個人レベルでの取り組みを書いている点がよい。

➡⓫：✕　ここまでの内容と重複しているので、不要である。

第5章

神髄 29

　問題文の要求が明らかな場合には、「〜について論じたい」「〜であろうか」などのような論点の設定は不要である。また、同一内容の反復にも気をつけよう。

場所とその説明

①私は、パンデミックの影響を受けやすい場所として、空港と港湾を挙げたい。②空港と港湾はその国の空や海の玄関口であり、出入国者が押し寄せる。③たとえば、入国の場合、ここで感染者の入国を食い止めなければ、その人がきっかけとなって、不特定多数に感染が拡大するおそれがある。④そうなると、感染経路の特定も困難になる。

パンデミックへの向き合い方

⑤グローバリゼーションが進み、人や物が国境を越えて行き交う中では、このような場所での水際対策が非常に大切である。⑥したがって、病原体や有害物質に汚染されていないかどうかを確認する検疫を徹底し、感染者や感染につながりそうな人びとの出入国を食い止めなければならない。⑦また、このような場で働く人たち、つまり、エッセンシャルワーカーが感染拡大防止のために尽力していることへの敬意と感謝の念を忘れてはならない。⑧あわせて、私たち1人ひとりも、ワクチンの接種、手指の消毒、マスクの着用などに努めることによって、パンデミックに向き合っていくべきである。

(416字)

全体を通じた コ メ ン ト

　第1・2段落ともに、問題文の要求に沿って書けている。第1段落では
パンデミックの影響を受けやすい場所として空港と港湾を挙げ、これ
らの施設で感染を食い止める必要性を説明している。第2段落は、パンデ
ミックへの向き合い方を、検疫の徹底、エッセンシャルワーカーへの敬
意と感謝の念、個人レベルでの取り組みの3つの角度から取り上げてお
り、説得力のある内容に仕上がっている。

答案例への コ メ ン ト

➡️**❶**：〇　パンデミックの影響を受けやすい場所として、空港と港湾を取
　　　　　り上げている点が適切。

➡️**❷**：〇　❶の特徴を示している。

➡️**❸**：〇　入国という具体例を挙げ、空港と港湾で感染を食い止める必要
　　　　　性を説明している。

➡️**❹**：〇　❸を補足している。

➡️**❺**：〇　グローバリゼーションの観点から空港と港湾における水際対策
　　　　　の重要性を主張している点がよい。

➡️**❻**：〇　検疫の徹底が感染拡大防止の決め手になる点を強調している。

➡️**❼**：◎　エッセンシャルワーカーへの敬意と感謝の念に触れている点が
　　　　　とてもよい。

➡️**❽**：〇　個人レベルでの取り組みを書いて締めくくっている点がよい。

第5章

神　髄 30

　問題文をよく読んでその要求を理解し、内容的に過不足のない答案
を書くよう心がけよう。

ウィズコロナ

テーマ **16**

「新しい生活様式」のあり方

頻出ランク ★★★★★

これがテーマの 神髄 だ!

★新型コロナウイルス感染症の現状

- 仮に新型コロナウイルス感染症が終息したとしても、感染前の生活に戻れるとは考えにくい
  - ➡社会的な混乱であるコロナ禍が収まった状態=ポストコロナを見据えて新たな生き方を模索する必要がある
- ウィズコロナ:新型コロナウイルスとの共生
- 「新しい生活様式」:ウィズコロナ定着を目的とした行動指針

★ウィズコロナの問題点

- 自粛疲れ:個人の生活を国がどこまで規制してよいのか
- そもそもウィズコロナ自体が可能なのか
  :ウイルスが突然変異で強毒化してヒトとの共生を拒む
- 「新しい生活様式」違反には罰則がない
  :しかも無期限。実効力があるかどうか疑わしい

★ウィズコロナ実現のための取り組み

- 政府による取り組み:「新しい生活様式」の実践が必要だということを、根拠とともにていねいに説明する
- 個人による取り組み:「新しい生活様式」を 1 人ひとり実践することが、自分だけでなく、自分の大切な人と、日本と世界を守ることにつながる、という意識をもつ
- 社会による取り組み:学校・地域・企業それぞれが主体となる

テーマ ［解説］

実際の出題例を見てみよう！

➡解答・解説は p.195 ～

出題例

　2020年5月、政府はポストコロナを見据え、「新型コロナウイルスとの共生（ウィズコロナ）」を目的とし、「新しい生活様式」を提示した。「新しい生活様式」について、あなたの考えを述べなさい（300～400字程度）。

（東京医療保健大／改）

★新型コロナウイルス感染症の現状

新型コロナウイルス感染症の感染拡大が始まってから数年たちました。2023年3月からマスク着用が個人の判断に委ねられるようになったけど、マスク生活があまりにも長かったから、とまどってしまう……

　テーマ15でも取り上げたけれど、2019年に中国で発生した新型コロナウイルス感染症（COVID-19）は、短期間のうちに世界中に広がったわね。日本では、緊急事態宣言が何度か発出されたり、ワクチンの接種が進んだりするなど、さまざまな対策がとられてきたわ。

　でも、グローバリゼーション（➡テーマ13）によるヒトとモノなどの頻繁な移動がもたらした新型コロナウイルス（SARS［サーズ］コロナウイルス2）の各国への侵入とウイルスの変異株発生などによって世界全体で感染者と死亡者が爆発的に増え（アウトブレイク：感染爆発）、現在も終息していないわ。2023年4月時点では、全世界の合計感染者数が約7.64億人、死亡者数が約691万人となっているの。また、同じ時点における日本国内の合計感染者数は約3,300万人、死亡者数は約7万4,000人よ。

全世界の合計感染者数は、日本の人口よりもはるかに多いのですね。日本では、感染者数が何度も増減していますね……

　日本の人口は約1.24億人（2023年現在）だから、たしかに何倍も多いわね。

　感染防止のためには人びとの移動を抑制すればよいのだけれど、これだけグローバリゼーションが進んでしまっているいまの世の中では、それは無理な話。何より、移動を抑制したら、社会・経済活動が停滞して国の活力が衰えてしまうわね。社会活動を以前の状態に戻さなければならないけれど、仮に新型コロナウイルス感染症が終息したとしても、感染前の生活に戻れるとは考えにくいわ。私たちは、新型コロナウイルス感染症は今後もまん延し続けるという前提に立ち、社会的な混乱であるコロナ禍が収まった状態、つまり、ポストコロナを見据えて新たな生き方を模索していかなければならないの。

　日本政府は、「新型コロナウイルスとの共生」、つまり「ウィズコロナ」をめざしているの。2020年には、ウィズコロナ定着を目的とした行動指針である「新しい生活様式」が提示されたわ。

国が国民に生活様式を提案することなんて、コロナ禍前まではありませんでしたよね。どのような内容なのですか？

　次のページでは、厚生労働省のホームページに示された情報の中から要点を示しているわ。もうすっかりおなじみの言葉ばかりではないかしら。

「新しい生活様式」の実践例

❶ 1人ひとりの基本的感染対策
- 感染防止の3つの基本
  ❶ 身体的距離の確保
    - 人との間隔はできるだけ2m（最低でも1m）空ける。
    - 会話の際には、可能な限り真正面を避ける。
  ❷ マスクの着用（2023年3月以降は「推奨」）
    - 外出時や屋内で会話するときに、人との間隔が十分にとれない場合には、症状がなくてもマスクを着用する。
    - ただし、夏場は、熱中症に十分注意する。
  ❸ 手洗い
    - 帰宅後には、まず手や顔を洗う。
    - 手洗いは30秒程度かけ、水と石けんでていねいに行なう。
- 移動に関する感染対策

❷ 日常生活を営むうえでの基本的生活様式
- まめな手洗い・手指の消毒
- 「3密（密集・密接・密閉）」の回避

❸ 日常生活の各場面別の生活様式
- 買い物
  - 1人、または少人数ですいた時間に
  - 電子決済の利用
- 娯楽、スポーツ等
- 公共交通機関の利用
  - 会話は控えめに
  - 混んでいる時間帯は避けて
- 食事
  - もち帰り・出前・デリバリーの活用
  - おしゃべりは控えめに

- イベント等への参加
  - 発熱やかぜの症状がある場合には参加しない
④ 働き方の新しいスタイル
- テレワークの推奨
- Web 会議の推奨

(https://www.mhlw.go.jp/stf/seisakunitsuite/bunya/0000121431_newlifestyle.html を参考に作成)

「おしゃべりは控えめに」を実践するために、うちの学校の昼食はずっと「黙食（もくしょく）」でした。だから、食事中はシーンとしていました。

★ウィズコロナの問題点

たしかに、「新しい生活様式」は国民生活の細部にわたっていて、窮屈だという印象を受ける人がいるかもしれないわね。でも、テーマ15 で述べたように、感染の世界的大流行、つまり「パンデミック」が生じていて、そのような混乱の中で医療の逼迫（ひっぱく）を回避し社会・経済活動を維持していかなければならないのだから、国民への周知徹底はやむをえないと言えるわ。

ここからは、具体的にウィズコロナの問題点を考えていきましょう。

まず、自粛疲れ。あらゆる活動を自分の意思で慎む、つまり「自粛」したり、制約のもとで行なわなかったりする日々が長期間続くと、精神的に疲れてしまうわね。実際、そういう人は多いはず。

たとえば、「新しい生活様式」で推奨されているテレワークには、通勤時における感染リスクが減るというメリットがある一方、「仕事時間とプライベートの時間の区別がつきにくい」「在宅による運動不足で太ったり、喫煙（きつえん）本数が増えたりした」などのデメリットも生じているわ。このような個人の生活を国がどこまで規制してよいのか、という問題があるわね。

次に、そもそもウィズコロナ自体が可能なのか、という問題もあるわ。たとえ「新型コロナウイルスとの共生」をかかげても、ウイルスが突然変異で強毒化してヒトとの共生を拒むかもしれないわね。

さらには、「新しい生活様式」違反には罰則がない、という問題があるわ。しかも無期限だから、実効力があるかどうか疑わしい面があるの。

ウィズコロナをめざして「新しい生活様式」を実践しなければならないと思うと、ちょっとウンザリ。けれど、他人に感染させるのはもっとイヤです……

★ウィズコロナ実現のための取り組み

ここからは、ウィズコロナ実現のために必要な取り組みを、主体別に取り上げていきます。

第一に、政府による取り組み。具体的には、政府によるリーダーシップの発揮。政府には、国民に対して、ウィズコロナ実現のために「新しい生活様式」の実践が必要だということを、根拠とともにていねいに説明することが求められるの。たとえば、項目にある「身体的距離の確保」「マスクの着用」についても、コロナのまん延が日本で始まったころ、マスク非着用で「3密」状態の場合の感染確率は80％だけれど、互いにマスクを着用して1 m離れれば感染率は5％以下に抑えられる（政府広報より。ただし、感染確率はウイルスの種類により変動）などの研究成果を根拠として示していたわ。

広報の効果を高めるためには、「新しい生活様式」の実践例を示すとともに、感染拡大防止以外のメリットも紹介するなどの工夫も必要だわ。たとえば、電子決済を利用すれば、相手とは接触せずに代金を支払えるだけでなく、電子マネーの普及促進にもつながるわね。

第二に、個人による取り組み。流行当初、日本は先進国の中でも感

染者数・死亡者数が少なかったの。その理由は、日本人の公共心の高さ。それは、先ほどの青葉さんの発言「他人に感染させるのはもっとイヤ」にもよく表れているわね。ウィズコロナ実現のために「新しい生活様式」を1人ひとり実践することが、自分だけでなく、自分の大切な人と、日本と世界を守ることにつながる、という意識をもつ必要があるわ。「One for All, All for One（1人は全員のために、全員は1つの目標のために）」ね。

第三に、社会による取り組み。その1つ目は、学校による取り組み。授業で生徒にただ「これからはウィズコロナだ」と教えるだけでなく、オンライン授業に必要なパソコン・タブレットなどの情報端末の操作といったことまで一緒に教えるの。また、オンライン授業によって他人との直接的な触れ合いが減って孤独感を覚える生徒もいるはずだから、彼らへのケアも大切ね。

2つ目は、地域による取り組み。「新しい生活様式」にのっとってオンラインで地域イベントを開催すれば、テレワークやオンライン授業などによる人間関係の希薄化を防げるわね。

3つ目は、企業による取り組み。コロナ禍によって業績への激しい打撃を受けた業種があるかと思えば、在宅を重視した消費行動である「巣ごもり需要」をチャンスととらえ新しい商品の開発に成功して売上を伸ばした業種もあるようね。たとえこのままテレワーク中心の勤務形態が恒常化したとしても、そこで働く1人ひとりが能力を発揮し、結果として業績の向上につながるようなワークスタイルを構築することが求められているのよ。

出題例の[解答・解説]

出題例 再録

　2020年5月、政府はポストコロナを見据え、「新型コロナウイルスとの共生（ウィズコロナ）」を目的とし、「新しい生活様式」を提示した。「新しい生活様式」について、あなたの考えを述べなさい（300〜400字程度）。

構想メモを書いてみよう！

▶

状況：「新しい生活様式」について説明する

- 行動指針として国民に「新しい生活様式」を提示（2020年）
  ：新型コロナウイルスとの共生、いわゆる「ウィズコロナ」の定着を図る
- 新型コロナウイルス感染症の感染拡大防止と経済活動との両立をめざす

問題点：ウィズコロナの問題点を提起する

- 「新しい生活様式」を罰則なしで無期限に国民に強制することは無謀
- そもそも、新型コロナウイルスとの共生は可能か

取り組み案：政府、学校や地域、個人の取り組みを示す

- 政府は、「新しい生活様式」の実践が必要だということを説明すべきだ
- 学校や地域でも、「新しい生活様式」の定着を図る
- 1人ひとりが「新しい生活様式」を実践する

　第1段落で「新しい生活様式」を説明し、第2段落でウィズコロナの問題点を提起する。第3段落では取り組み案を示す。

第
5
章

合格点まであと一歩の答案例

①私は先日、学校の授業で「ウィズコロナ」について学んだ。②厚生労働省のホームページで「『新しい生活様式』の実践例」を見た。③率直に言って、窮屈だという印象を受けた。④たとえば、「外出時や屋内で会話するときに、人との間隔が十分にとれない場合には、症状がなくてもマスクを着用する」という箇所が気になった。⑤2023年3月以降もマスクをはずして思いっきり笑ったり、友達の肩をたたいたり、ハグしたりすることは控えるべきなのかとがっかりした。

⑥たしかに、新型コロナウイルス感染症は、接触感染や飛沫感染によってかかる。⑦しかし、私たち若者は比較的感染しにくく、ワクチン接種により重症化リスクが低くなる。⑧それなのに、どのような世代の国民にも同じように生活様式を強要してよいのだろうか。

⑨私は、政府にはもっと柔軟であってほしいと思う。⑩また、人びとの年齢や住む場所に応じて細かく配慮するだけでなく、治療薬の普及も急いでほしい。

（394字）

全体を通じた コメント

　授業で「新しい生活様式」について触れた体験にもとづき、1人の若者としての思いをストレートに主張している姿勢は好ましい。しかし、本問では「新しい生活様式に関するあなたの考え」を述べることが求められているのに、この答案は、「新しい生活様式」についての「感想」しか書かれておらず、単なる感想文になってしまっている。ここから小論文へと高めていくためには、状況の分析、問題の提起、取り組みの提案を盛り込み、「考え」を書く必要がある。

答案例への コメント

➡**❶・❷：○**　「新しい生活様式」に触れた体験を示している。

➡**❸：✕**　「新しい生活様式」についての個人的な印象しか書かれておらず、単なる感想文になってしまっている。

➡**❹：○**　「新しい生活様式」の項目の中で自分が注目した点を指摘したのはよい。

➡**❺：✕**　単なる不安の吐露にすぎず、感想文になっている。

➡**❻：○**　正確な情報が書けている。

➡**❼：✕**　「新しい生活様式」から感染リスクや重症化リスクの話題へとズレてしまっている。

➡**❽：△**　主張内容には一理あるが、表現が感情的だ。

➡**❾：△**　「ウィズコロナ」の論点から逸脱してしまっている。

➡**❿：△**　「新しい生活様式」への考えというよりも、願望の表明になっている。

「あなたの考え」と「あなたの感想」は別物であることを肝に銘じよう。

状　況

2020年、政府は新型コロナウイルスとの共生、いわゆる「ウィズコロナ」の定着を図るために、「新しい生活様式」と呼ばれる行動指針を国民に提示した。これにより、政府は、新型コロナウイルス感染症の拡大防止と経済活動との両立をめざしている。

問題点

しかし、「新しい生活様式」は、身体的距離の確保、マスクの着用、手洗い、手指の消毒、テレワークの推奨など、国民生活の細部にまで及ぶ。これらを罰則なしで無期限に国民に強いることは無謀だ。そもそも、新型コロナウイルスとの共生自体が可能なのだろうか。

取り組み案

今後、政府は、ウィズコロナ実現のために「新しい生活様式」の実践が必要だということを、根拠とともにていねいに説明すべきだ。また、学校や地域でも、授業やイベントを通じて「新しい生活様式」の定着を図るべきだ。私たちは、もうコロナ前の生活には戻れないからだ。1人ひとりによる「新しい生活様式」の実践がウィズコロナを可能にする。

(394字)

　第1段落では「ウィズコロナ」定着のために示された「新しい生活様式」を説明し、その目的も紹介している。第2段落では「新しい生活様式」の問題点を指摘している。第3段落では、ウィズコロナ定着のための取り組み案を、政府、学校や地域、個人という3つの角度から示している。

答案例への コ メ ン ト ✎

➡ **❶**：○　「新しい生活様式」とは何かを説明している。

➡ **❷**：○　「新しい生活様式」の目的を述べている。

➡ **❸**：○　「新しい生活様式」の具体的な内容をピックアップしている。

➡ **❹**：○　**❸**から生じる問題点を指摘している。

➡ **❺**：○　根本的な疑問を投げかけている。

➡ **❻**：○　「新しい生活様式」定着のために、政府がすべきことを提案している。

➡ **❼**：○　学校や地域がすべきことを提案している。

➡ **❽**：○　**❺**を受け、ウィズコロナの必要性を説いている。

➡ **❾**：○　国民1人ひとりによる実践がウィズコロナに不可欠であることを念押ししている。

第5章

神髄 32

　単なる「感想文」を「小論文」に高めるためには、状況の分析、問題の提起、取り組みの提案まで盛り込む必要がある。

さくいん

石関　直子（いしぜき　なおこ）

　東進ハイスクール・東進衛星予備校小論文科講師。ena歯学・薬学・看護小論文科講師。

「受験小論文界の良心」と呼ばれて20数年、担当した授業時間数、担当した生徒数、執筆した参考書数ともに、現役指導者の中ではトップクラス。問題の難易度によらず使える技法をシステマティックに教えてくれる先生として、あらゆるレベルの受験生から高い支持を得ている。

　趣味・特技は、「小論文を教えること」。華道師範。

　著書に、『改訂版　書き方のコツがよくわかる　人文・教育系小論文　頻出テーマ20』（KADOKAWA）、『看護・医療系の小論文　4年制大学受験用』（Gakken）、『石関の今すぐ書ける看護・医療系小論文』（ナガセ）などがある。

改訂版　書き方のコツがよくわかる
社会科学系小論文　頻出テーマ16

2023年6月28日　初版発行
2024年9月10日　再版発行

著者／石関　直子

発行者／山下　直久

発行／株式会社KADOKAWA
〒102-8177　東京都千代田区富士見2-13-3
電話　0570-002-301（ナビダイヤル）

印刷所／株式会社加藤文明社印刷所
製本所／株式会社加藤文明社印刷所

●お問い合わせ
https://www.kadokawa.co.jp/（「お問い合わせ」へお進みください）
※内容によっては、お答えできない場合があります。
※サポートは日本国内のみとさせていただきます。
※Japanese text only

定価はカバーに表示してあります。

©Naoko Ishizeki 2023　Printed in Japan
ISBN 978-4-04-605456-2　C7081